COLORÉAME SANTO

DIOS SANTO ➤ GENTE SANTA

HUBERT P. HARRIMAN
&
BARRY L. CALLEN

COLORÉAME SANTO
Por Hubert P. Harriman & Barry L. Callen

2ª edición

Copyright © 2013 Hubert P. Harriman y Barry L. Callen

Soft Cover ISBN 13:   978-1-60039-306-8

Todos los derechos reservados. Ninguna parte de este libro puede ser reproducida, o almacenada en un sistema de recuperación o transmitida en cualquier forma o por cualquier medio, ya sea electrónico, mecánico, fotocopia, grabación, escaneo; por lo demas, excepto lo permitido por la ley de derechos de autor de Estados Unidos de 1976 o con el previo consentimiento por escrito de pr Aldersgate Press. Las solicitudes de autorización deben dirigirse al editor de prensa de Aldersgate, *Editor@AldersgatePress.com.*

A menos que se indique lo contrario, todas las citas de las escrituras son de la nueva versión estándar revisada de la Biblia, derechos de autor 1989 la división de educación cristiana del Consejo Nacional de iglesias de Cristo en los Estados Unidos de América. Usada con permiso. Todos los derechos reservados.

ALDERSGATE **PRESS**
LA DIVISIÓN DE LAS PUBLICACIONES DE

HolinessandUnity.org

En colaboración con

www.lamppostpublishers.com
Spring Valley, CA

Impreso en Los Estados Unidos de America

CONTENIDOS

SANTIDAD... ORIGEN La Naturaleza Divina
Capítulo 1   Flashes of Lightning································· 1

¿SANTIDAD?... POR SUPUESTO Revelación Bíblica
Capítulo 2   The Glow of Biblical Beauty ························ 13
Capítulo 3   The Many Shades of the Light····················· 39

SANTIDAD... DESVIADA Historia Eclesiástica
Capítulo 4   Dark Distortions ···································· 67
Capítulo 5   Blind Alleys ·· 89

SANTIDAD... ENCAMINADA DE NUEVO Nueva Esperanza
Capítulo 6   Inheriting the Brightness ························· 113
Capítulo 7   Holiness Shines Again ···························· 141

SANTIDAD....ORIGEN
LA NATURALEZA DIVINA

CAPÍTULO 1

¡RELÁMPAGO!

Dios es un Dios de color, y nada de ese color ha de perderse en Su creación. El color de su Divinidad nunca es más brillante e intenso que cuando se ve en Su santidad. La intención Divina es colorear a los creyentes humildes con esta misma santidad. No debe haber nada apagado ni gris en la vida cristiana. Los creyentes han de ser santificados por ser intensamente re-avivados con el mismo esplendor de Dios. La verdadera naturaleza y la intención más alta de Dios para los creyentes es que sean revestidos con los matices de la santidad. Los cristianos nunca deben contentarse con ningún otro camino.

Lo primero es primero. Todo lo que hay en la teología cristiana y en la vida cristiana permanece poco claro y potencialmente desvirtuado hasta que se aclare la cuestión de la naturaleza de

Dios.[1] Nosotros los humanos, tan limitados, tendemos a formar nuestra propia realidad. La realidad llega a ser, no lo que *es* sino *quienes somos*. Vemos a Dios por nuestra propia experiencia y a través de lentes sombreados. Lo que sea nuestro color, nuestra agenda, nuestra perspectiva, nuestros prejuicios, así es Dios—por lo menos en nuestros ojos y nuestras mentes. Lo que pensamos que significa ser "espiritual", por ejemplo, depende de nuestro entendimiento de quién es el Espíritu, y cómo trabaja el Espíritu.

Los problemas proceden de algo más que nuestro entendimiento frágil. A menudo pensamos y actuamos como si nuestra búsqueda tuviera que ver con nosotros, nuestras necesidades, nuestra realización, y felicidad. Estamos equivocados. ¿Será que mucho de este "pasar de una iglesia a otra" es no más que algunos consentidos buscadores de Dios tratando de encontrar el tipo de Dios que satisfaga las preferencias personales? ¿Estamos tratando de transformar a Dios en vez de permitirnos a nosotros mismos enfrentar la transformación? Para los cristianos, nuestra meta ha de ser el descubrir, conocer, seguir, y *ser transformados* por el verdadero Dios. Nuestra búsqueda debe ser aprender de la verdadera identidad de Dios, y luego experimentar la transformación, por su gracia, a la semejanza santa de Dios.

Sin embargo, el triste hecho es que "no todo el que se interesa en la Biblia, y aun se emociona con la Biblia quiere involucrarse con Dios."[2] Unos cristianos compasivos que conocían a un cirujano, especialista en los ojos, hablaron con un ciego acerca de su deseo de llevarle a este cirujano, ofreciendo cubrir todos los gastos. El ciego lo pensó por un momento, y luego preguntó: "Si logro ver, ¿tendré que trabajar?" "Sí," — fue la respuesta—, "podrás trabajar como cualquier otro hombre." —Entonces el ciego dijo, "Si por poder ver tengo que trabajar, no quiero ver."

---

[1] Vea Allan Coppedge, *Portraits of God: A Biblical Theology of Holiness* (Retratos de Dios: Una Teología Bíblica de la Santidad (InterVarsity Press,2001).

[2] Eugene H. Peterson, *Eat This Book* (William B. Eerdman's Publishing Company, Grand Rapids, Michigan/Cambridge, U.K. 2006), 30

Esta clase de respuesta alarma a la mayoría de nosotros, pero, tristemente es lo que muchos están haciendo espiritualmente: "Si, por poder ver, tendré que pensar y actuar como Jesús, no quiero ver." Aun así, conocer y entrar en un relacionamiento correcto, siendo transformados por el verdadero Dios, es el tema de la Biblia. El color del gran Artista ha de llegar a ser nuestro color. La hermosa santidad de Dios ha de ser reflejada en el pueblo de Dios. Nuestra oración ha de ser, cualquiera que sea el costo, ¡coloréame santo! Una vez pintado con el reflejo de la naturaleza de Dios, déjame trabajar desde adentro de esa santidad hacia la transformación de la gente y el mundo que me rodea.

¿Cuál es el problema persistente? Es nuestra tendencia de sustituir nuestra *"santa trinidad"* por el Dios Soberano. El Padre, Hijo, y Espíritu Santo son reemplazados en nuestro pensamiento por una trinidad personal individualizada de "Mis Santos Deseos, Mis Santas Necesidades, y Mis Santos Sentimientos."[3] Como hijos consentidos en una tienda donde se les permite tomar lo que les dé la gana para satisfacer sus caprichos, esperamos que Dios sirva a nuestros deseos porque "Dios es amor", y ¿qué padre amante no daría a su hijo lo que quiere? Esta desintegración del enfoque correcto, este descoloramiento doctrinal, lleva consecuencias enormes. De repente, yo soy el Creador. Dios es pintado para parecerse a mí. La esperanza de mi vida es que yo sea el mejor *YO* que tenga poder, pero no el reflejo verdadero y santo de Dios en este mundo mediante una vida cambiada por Su gracia.

Qué tan fácil es crear a un "dios" a nuestra propia imagen, y luego utilizar nuestra propia fe para nuestro propio beneficio. Hemos visto gente de piel blanca ofenderse al encontrar una representación de Jesús con piel negra. Algunos están tan comprometidos con la bandera nacional a la cual saludan, que menosprecian a la gente de otras naciones, y hasta son abusados, supuestamente con "buena conciencia". Pintamos a Dios con nuestros propios pinceles y luego aceptamos el resultado como si fueran el retrato del verdadero color de los caminos divinos y correctos para nuestras vidas. El hecho es que, cuando se trata

---

3 Ibid, 31

de la teología, "dónde existen diferencias entre cristianos, últimamente lo que está en juego es el concepto de Dios."[4] Nuestros pensamientos, metas, y acciones son teñidos o con colores verdaderos o falsos según nuestra comprensión de Dios. ¡Cuánto necesitamos la disciplina de la revelación bíblica, especialmente como se lee a través de la persona de Jesús!

En estas páginas, pues, nuestro enfoque es comprender correctamente la naturaleza de Dios. Creemos que Jesús es la verdadera imagen de Dios entre nosotros, es más, la presencia verdadera (la encarnación) de Dios en nuestro mundo. Él ha venido para nuestra comprensión y salvación (Colosenses 1:15). Captamos nuestra comprensión de Jesús y nuestra esperanza de salvación mediante la revelación bíblica que enfoca la persona de Jesús y descansa en la obra continua que interpreta el Espíritu de Cristo entre nosotros. El corazón de Jesús es el corazón de Dios. Los matices de sus pensamientos y las sombras de Sus acciones son las del Padre quien está en el cielo—y quiere estar en nosotros.

El corazón de la fe cristiana es aceptar una verdad central: Conocer a Jesús es conocer y llegar a estar relacionados correctamente con el mismo corazón de Dios. El corazón de una vida santa presupone relacionarse y mantener esa relación correctamente. Tal como señala Jesús, hemos de permanecer en Él como Él permanece en el Padre (Juan 15). De alguna manera y, hasta cierto punto, hemos sido llamados a unirnos con Jesús y participar realmente en la vida santa de Dios, a ser pintados con los colores divinos. Al darnos cuenta de esta posibilidad asombrosa y aceptar esta invitación de su pura gracia, nos volvemos santos. En breve, la santidad es hallarnos unidos con el verdadero Dios. La fe, entonces, llega a ser maravillosa, vital, llena de color, que cambia la vida, y aun cambia el mundo. La santidad es la religión de alto voltaje; es fe en alta definición. Es la respuesta al clamor de la oración, "¡Coloréame santo!"

---

4   Geoffrey Wainwright, *Doxology: The Praise of God in Worship, Doctrine, and Life* (Doxología: La Alabanza de Dios en Adoración, Doctrina, y Vida) (London: Epworth Press,1980), 287

Los Vívidos Colores De Dios

Este libro plantea primeramente la pregunta central, ¿De qué color es Dios?, y luego busca la respuesta. ¿A qué se parece la verdadera santidad? No estamos buscando sombras de nosotros mismos, sino las reflexiones del mismo Ser y Corazón de Dios. Nuestra meta trasciende el conocer la verdadera identidad de Dios. Esta incluye la realización y la representación de tal conocimiento.

Para descubrir las respuestas, hemos de mirar a través de los ojos del Espíritu hacia Jesús, quien a su vez nos muestra al Padre. Cuando miramos de esta manera, vemos una grande y gloriosa paradoja. Ver a Jesús claramente realmente es ver al Padre quien le envió (Juan 6:46). Dios ahora está en posición de auto-revelado mediante Jesucristo Su Hijo para que podamos proclamar las buenas nuevas de la santidad divina, la naturaleza amorosa de Dios con confianza (Hechos 17:23). Como hijos del Divino, llegamos a reconocer que nosotros también hemos de ser santos y amorosos, reflejos agradecidos y fieles del Divino en este mundo.

> Como hijos del Divino, llegamos a reconocer que nosotros también hemos de ser santos y amorosos, reflejos agradecidos y fieles del Divino en este mundo.

Para adquirir algún sentido del "color" verdadero de Dios, considera esta escena dramática. Dios está sentado sobre el trono celestial. Su apariencia es como jaspe, una joya roja hermosamente pulida. Alrededor del trono hay un magnífico verde esmeralda, un arco iris que deslumbra al ojo, y veinticuatro tronos más pequeños. Los Ancianos que los ocupan están vestidos de ropas blancas y llevando coronas de oro. Del trono central emanan relámpagos, una forma de relámpago sobremanera brillante con luz amarillenta resplandeciente como de antorchas encendidas. En frente de este trono hay un mar de vidrio reluciente como cristal. Cuatro criaturas vivientes coronan esta escena pintoresca cantando constantemente, "Santo, Santo, Santo, el Señor Dios Todopoderoso Quien era y es y ha de venir" (Apocalipsis 4:8).

Dios está rodeado de color. Pero, ¿de qué color es Dios? El color divino, que trasciende la descripción humana, es el amor santo. El Cordero que fue inmolado también está presente, confirmando que

Dios ***irradia*** tal amor sobremanera fenomenal, y que a la vez Él ***es ese amor.*** Dios es a la vez el verde de la creación, el blanco de pureza, y el rojo de redención. Dios es el arco iris de la gracia soberana y amorosa. La buena teología cristiana y la vida cristiana apropiada han de enfocar al Dios revelado por las Escrituras con quien podemos enamorarnos, y de quien la vida eterna fluye hacia nosotros. Dios es hermoso y supremamente adorable, el Dios Trino quien "no es estático ni distante, sino una relacionalidad amorosa de vivacidad absoluta…el fulgor resplandeciente de su amor."[5]

Juan Wesley dijo una vez que Dios obra "fuerte y dulcemente". El color divino, entonces, es un rojo fuerte y llamativo—con potencial de ejercer gran poder, y la sangre fluye para la verdadera redención. Sin embargo, la expresión natural del corazón divino, la manera preferida de la obra de Dios no es el resplandor de poder que obliga. Más bien, se expresa en pasteles delicados, los amarillos suaves, ligeros verdes, lo dulce del amor sacrificial. Cuando los colores se ven a través de ojos auxiliados por el Espíritu Santo, mirando hacia Dios por Jesucristo mediante el Espíritu, siempre bajo el control de la revelación bíblica, el color primario de Dios se aclara. Es un brillo santo, un arco iris dominado con las sombras de santo amor (I Juan 4:8; Efesios 3:17-18.)[6]

En la Biblia, "gloria" se refiere a la majestad y resplandor brillante de Dios hechas evidentes en las maravillosas obras de Dios en la historia de la creación. Esta evidencia histórica de las huellas de Dios en nuestro mundo es lo que los humanos tenemos capacidad de ver y entender. Ganamos comprensión de la misma naturaleza y voluntad de Dios al observar la presencia y actividades de Dios. Se nos dice que el Hijo irradia la gloria de Dios (Hebreos 1:3). Dios es el Padre de

---

5 Clark H. Pinnock, *Flame of Love: A Theology of the Holy Spirit (*Llama de Amor: Una Teología del Espíritu Santo) *(1996)* como citado por Barry I. Callen, *Discerning The Divine: God in Christian Theology (*Discerniendo Lo Divino: Dios en la Teología Cristiana) (Louisville: Westminster John Knox Press, 2004), 19.

6 Vea la teología sistemática de Barry I. Callen que usa este concepto de Dios como base. Se titula *God As Loving Grace*) (Dios Como Gracia Amorosa) (Evangel Publishing House, 1996.

Gloria (Efesios 1:7) y Jesucristo es el Señor de Gloria (I Corintios 2:8; II Corintios 4:4). La gloria de Dios que mora en luz inaccesible una vez iluminó a los pastores cuando se les anunció el nacimiento de Cristo. Más tarde, los discípulos de este bebé milagroso vieron la gloria de Dios en la vida terrenal de este Jesús (Juan 1:14)—crucificado y luego, ¡resucitado!

En una ocasión, lo que vieron los humanos fue completamente abrumador. Pedro, Jacobo y Juan vieron a Jesús "transfigurado". "Su rostro resplandeció como el sol, y su ropa se volvió blanca como la luz" (Mateo 17:2). Es en el rostro de Jesucristo que la luz del conocimiento de la gloria de Dios resplandece en nuestras mentes y corazones con poder iluminador y creativo (II Corintios 4:6). Los colores incluyen una explosión de amarillo y un listón de blanco—luz eterna llena de pureza absoluta, una mirada de santidad divina, nuestro camino a la vida eterna.

El Antiguo Testamento prepara la plataforma para la revelación plena de Dios en Jesús. Su base teológica se resume en esto. Hay solamente un Dios verdadero, y este Dios busca activa y amorosamente el bienestar de toda la creación. Para todos los que captan estos colores brillantes de este cuadro hermoso, y se entregan a su suave gracia y su poder transformador, tal enseñanza bíblica fundamental conduce naturalmente a Jesucristo y nuestro caminar con Él en el camino de la santidad de Dios.[7] ¡Tal como es Dios, por Su gracia, así podemos ser en santidad, y lo seremos!

Cambiando El Rumbo

Las generaciones recientes de cristianos de "santidad" han disfrutado esta bondad de la gracia de Dios, y lo que esa gracia puede hacer para

---

[7] Vea el detalle de esto en Barry I. Callen, *Beneath The Surface: Reclaiming the Old Testament For Today's Christian* (Debajo de la Superficie: Reclamando el Antiguo Testamento Para el Cristiano de Hoy) (Lexington, KY: Emeth Press, 2012). La Santidad es una corriente de verdad fundamental que fluye a través de toda la Biblia.

transformar y re-colorear a los pecadores humildes. Se han empeñado en recibir la gracia transformadora de Dios y *reflejar* Su gloria, y *resplandecer* para Su gloria en este mundo oscuro. En este proceso, y en medio de tiempos y culturas de cambios dramáticos, ocasionalmente ellos han sido perseguidos. A menudo han sido mal entendidos, y a veces se han desviado a callejones sin salida debido a sus propias decisiones desafortunadas. Han procurado pensar, enseñar, y vivir la santidad divina de acuerdo a su propia manera, y muchos de ellos se volvieron frustrados y desanimados. Se han dado por vencidos, fallaron, y han dejado "de ir adelante a la perfección".

Muchos cristianos jamás han considerado, o han abandonado, la búsqueda del llamamiento más alto de Dios para sus vidas. Nosotros juzgamos que esto sea inaceptable, no importa qué tan entendible sea considerada nuestra frágil humanidad. Esperamos ayudar a cambiar este rumbo hacia abajo en expectación y esperanza espiritual.

Hemos visto la visión hacia arriba en que las almas se reavivan con la santidad de la verdad—no con una santidad de palabrería, mezquindad y superficialidad, no una santidad fingida y de palabras huecas solamente. Los sujetos de esta santidad no evaden los dilemas y preguntas, sino que caminan de frente hacia las posibilidades de la santidad. Caminan en los vestíbulos de nuestras iglesias, en nuestros talleres de trabajo, en nuestras universidades, en nuestros campos misioneros, invirtiendo con amor su tiempo con hipócritas, sus corazones con pecadores, sus mentes con ateos, sus vidas con los perdidos y desvalidos, y ¡salen resplandecientes con el color de Dios!

Estos santos no son "estrellas" espirituales; simplemente son santos sencillos en el sentido más puro y pintoresco. Son los estabilizadores de la iglesia. Contradicen a los pesimistas. De ellos se oye cantar las palabras de Johnson Oatman, Jr.:

"Subiendo voy en Su amor, nuevas alturas logro yo.
Orando siempre al escalar, 'Señor, a tus alturas
    anhelo llegar."

Muy a menudo los cristianos se conforman con tomar un camino más bajo e inferior. Perdonados de pecados pasados, se vuelven satisfechos espiritualmente, y permanecen inmaduros en su fe. Liberados de su culpa pasada, se vuelven pasivos en cuanto al desarrollo de su fe. Han sido evangelizados, pero no discipulados, nacidos pero nunca crecidos. A ellos les basta cumplir con los deberes de una religión respetable. Pero el camino de Cristo es para elevar los ojos de fe hacia arriba, para estimular el reconocimiento de ese orbe anaranjado resplandeciente del alba de un nuevo día. Es un llamado a los perdonados para extenderse hacia niveles más altos de lo que ya conocen o que ya han experimentado.

El ser "salvo" es el comienzo de la jornada de fe, y no el final. Como Juan Wesley explicó una vez:

> "...el que descubre la redención en la sangre de Jesús...ahora se enfrenta a la disyuntiva entre transitar sobre el camino más alto, o el más bajo. Creo que en ese tiempo el Espíritu Santo presenta delante de él (el creyente) el "camino más excelente" y le incita para caminar en él;...para aspirar a las alturas y profundidades de la santidad—hacia la imagen perfecta de Dios."[8]

Los creyentes maduran al extenderse hacia los colores frescos de las alturas a la luz del sol (Hijo) en la temprana mañana de su caminar de fe. El perdón es el principio clave, sí, pero ha de ser sólo el principio. Aún queda el nuevo día resplandeciente del "camino más excelente" de Dios (I Corintios 12:31). El Dios santo siempre tiene en mente la santidad, aun para nosotros los humanos caídos y débiles.

> El ser "salvo" es el comienzo de la jornada de fe, y no el final.

---

8   Juan Wesley explica esto en su sermón titulado "The More Excellent Way" (El Camino Más Excelente)

Por eso, este libro procura hacer al menos tres cosas para cambiar el rumbo negativo de con-formarse con la inmadurez espiritual, de caminar sólo sobre el camino más bajo, de quedar satisfecho con el perdón de pecados pasados, por básico y maravilloso que esto sea. Procura 1) recuperar el llamado bíblico central a la santidad, 2) entender algunos desvíos que ya han arruinado, y aún pueden arruinar, el llamamiento hacia arriba, y 3) animar a los cristianos y las congregaciones de hoy para abrazar la provisión bíblica plena para la transformación personal, de la iglesia, y del mundo. Esta transformación es la santidad cristiana que ha de ser recuperada, reclamada, experimentada de nuevo, y reflejada en toda su belleza, todo para la gloria de Dios. Es una historia pintoresca que puede conducir a un futuro radiante para el pueblo de Dios.

El relámpago aún resplandece alrededor del trono de Dios. Su color brillante y su poder eléctrico, sus sombras suaves y su gentileza amorosa, su estruendo impresionante y su presencia abrumadora se combinan para darnos una mirada del verdadero Dios. El Santo, trascendente sobre nosotros, sin embargo se extiende hacia nuestro camino en amor santo como el Gran Artista que quiere COLOREARNOS SANTOS.

¿SANTIDAD? ... POR SUPUESTO
REVELACIÓN BÍBLICA

CAPÍTULO 2

EL RESPLANDOR DE LA BELLEZA BÍBLICA

"Como dijo Dios: 'Viviré en ellos y caminaré entre ellos. Yo seré su Dios, y ellos serán mi pueblo. Por lo tanto, salgan de entre los incrédulos y apártense de ellos, dice el Señor. No toquen sus cosas inmundas, y los recibiré a ustedes. Y yo seré su Padre, y ustedes serán mis hijos e hijas, dice el SEÑOR TODOPODEROSO. Queridos amigos, dado que tenemos estas promesas, limpiémonos de todo lo que pueda contaminar nuestro cuerpo o espíritu. Y procuremos alcanzar una completa santidad porque tememos a Dios." II Corintios 6:16 - 7:1 (NTV). La Biblia brilla con la belleza de un alto llamamiento tal.

Una empresa americana intencionalmente excluye lo que está a la vista en sus declaraciones públicas de mercadeo. Algunos valores organizacionales son considerados tan básicos por la empresa Chick-fil-a que no hay necesidad de llamar la atención sobre ellos. Son lo que algunos llamarían "dados". Por ejemplo, las expectativas para la calidad de la comida y la integridad de los empleados se dan por sentado. Asimismo, cuando hablamos de la santidad tal como se presenta en la Biblia y se espera en la vida cristiana, deberíamos decir, "¿Santidad? ¡Por supuesto! ¡Eso es una exigencia que se sobreentiende!" Resplandece desde las páginas de las Escrituras como la aurora boreal; brilla y danza a lo largo del cielo nocturno. Pueda que sea fuera de lo común en nuestra experiencia, e imposible a nuestra propia iniciativa, ¡pero de todos modos es algo que la biblia "da por sentado"!

Tanto en el Antiguo como en el Nuevo Testamento, la santidad rebosa sobre las páginas de las Escrituras como un jarrón efervescente de jugo de uva, fresco, puro y dulce—maravilloso para el paladar, y tan saludable para el cuerpo espiritual. William Coker, mientras enseñaba en la Universidad Asbury, de una manera magistral abrió los elementos de este gran tema bíblico de la santidad en una de sus clases. Introdujo ola tras ola de referencias bíblicas. Fue con un solo propósito: "Tienen que aceptar que el mensaje bíblico es un mensaje de santidad. No se lo puede echar fuera." Es un valor que se da por sentado. Es demasiado prominente como para pasarla por alto, y demasiado importante como para ignorarla.

¡El Color Está Dondequiera!

Los científicos nos dicen que el color está empotrado profundamente en cómo percibimos el mundo. ¡La Biblia informa que Dios irrumpió sobre la escena de este mundo con esplendor y hermosura asombrosos! Asimismo, sostenemos que el color está incrustado profundamente en cómo percibimos a Dios. ¡Dios irrumpe en el corazón humano con Su hermosura gloriosa! Al comenzar Dios a manifestarse a los hijos de Israel, el tabernáculo se hizo central a la hermosura de Su presencia entre ellos. En cuanto a todo lo que tenía que ver con este tabernáculo, desde el edificio en sí hasta los utensilios involucrados y los sacerdotes que servían, descubrimos una exhibición asombrosa de color. Tal como se describe en el libro de Éxodo, el tabernáculo nos deslumbra con los colores brillantes y centelleantes de oro, plata, bronce, ónice, azul, púrpura, escarlata, rubí, topacio, esmeralda, turquesa, zafiro, diamante, Jacinto, ágata, amatista, berilo, y jaspe. Dios es un Dios de color y por Su presencia en nosotros, quiere que ese mismo color irradie de nuestras propias vidas.

Yo (Hubert) nací y fui criado en Bolivia, un país geográfica y culturalmente diverso. Al lado occidental del país las majestuosas montañas andinas, con sus picos agudos y altos llanos, proclaman su gloria y belleza. Al oriente se encuentran las densas y fecundas selvas de las tierras bajas y los vastos prados que tienen su propio atractivo especial. Sea al mirar la tierra o la cultura, una gran variedad de color lo define todo. Múltiples colores repletos, claros, vibrantes, brillantes, vivos llenan los ojos, como el sonido de las Cataratas del Niágara que con su estruendo llena los oídos. Desde las faldas llenas de las mujeres Quechua hasta el paraíso tropical en flor, Bolivia está viva con color.

Me crié en las tierras bajas de Bolivia dónde mis padres eran misioneros. Pasé muchos de esos años en las vastas y densas selvas que se extienden desde la cuenca amazónica de Brasil hasta el territorio nororiental de Bolivia. Las más asombrosas exhibiciones de color dominaban mis tempranos años como las escenas y sonidos de los fuegos artificiales en los días de fiesta.

> La gloria de la gracia divina brilla intensamente cuando vemos a Dios queriendo impartir Su hermosura al que ahora es feo, restaurando al caído, y encendiendo un resplandor de belleza.

Había pájaros tropicales, animales, peces, árboles, plantas, flores, e insectos. Lo que siempre captaba mi atención eran las mariposas con sus múltiples e intricados colores, especialmente cuando las mariposas se juntaron sobre algo mojado. ¡Era pura belleza con alas! Lo interesante es que la exhibición mayor de gloria de las mariposas aparecía cuando se juntaban sobre algún objeto terrenal como el estiércol de vaca, recién depositado. Ese cuadro siempre me fascinaba.

Asimismo Dios exhibe gloriosos colores divinos en los marcos más ignominiosos, como establecerse entre las masas de gente pecaminosa. Esto es lo que nuestro glorioso Dios se deleita en hacer—tocando a los humanos descarriados con Su gracia divina y Su gloria, produciendo color y vida frescos en lugares de tinieblas y muerte. No hay nada más asombroso como Dios dirigiéndose amorosamente a la humanidad tan dada al pecado, tan inundada con lo sucio, tan depravada y desfigurada, y tan opuesta a Dios por causa del pecado (Romanos 8:7). La gloria de la gracia divina brilla intensamente cuando vemos a Dios queriendo impartir Su hermosura al que ahora es feo, restaurando al caído, y encendiendo un resplandor de belleza. ¡"Siendo aún pecadores, Dios…!

Tres veces en las Escrituras se nos exhorta a "postrarnos delante de Jehová en la hermosura de la santidad" (I Crónicas 16:29 y Salmos 29:2 y 96:9). Algunas versiones traducen esto como "Adoren al Señor en todo Su santo esplendor." Podemos apreciar ambas traducciones porque juntas captan el color de Dios que ha sido transferido al adorador. Se juntan en el color puro, la hermosura, y el deleite de la santidad. Desafortunadamente, en algún momento muchos de nosotros hemos perdido el lustre de la palabra "santidad", aun sacándola de nuestro 'armario' del idioma, relegándola a la tienda religiosa de segunda mano con la actitud que posiblemente alguien puede aprovecharse de ella, pero yo ya no voy a llevarla.

Desde hace mucho tiempo, la santidad ha sido considerada como un televisor de blanco y negro, relegado a una esquina sórdida de la casa. Este televisor no funciona muy bien, y tiene una antena miserable que no capta casi nada de señal—o ninguna señal, dependiendo del tiempo y la dirección exacta a que apunta. Este tipo de santidad debió haber sido tirada al basurero hace mucho tiempo. Tenemos que mover el tema de la santidad de esta pantalla oscura, borrosa y sin color a algo más como un televisor de alta definición. Aquí tenemos una resolución sustancialmente más alta de lo que ha sido común.

Los cristianos tienen que redescubrir la hermosura de la santidad—el color brillante, esplendoroso, glorioso, encantador y restaurador de Dios. Solamente entonces conoceremos el puro gozo de tenerla derramada sobre nosotros como lluvia sobre una tierra seca y sedienta, como el fluir de los ríos de agua viva. Cuando sí, lo conocemos, dice el profeta antiguo, "Se alegrarán el desierto y la soledad; el yermo se gozará y florecerá como la rosa (o azafrán)" (Isaías 35:1). El azafrán está relacionado con el iris y tiene flores multi-coloreadas. Tal es Dios. Dios es santo, ¡pero no es apagado! Dios existe en color vivo y quiere colorearnos con este color. Como con el arco iris que Dios colocó en los cielos, la santidad divina atraviesa las tinieblas de este mundo con una exhibición hermosa de colores coordinados para que los absorbamos y reflejemos. El profeta Ezequiel dice, "Como parece el arco iris que está en las nubes el día que llueve, así era el parecer del resplandor alrededor" (Ezequiel 1:28-RV1960).

Tenemos que tener mucho cuidado y mantener equilibrados nuestros pensamientos. Este es el lado luminoso de Dios. No es que Dios tenga un lado oscuro, al menos no en el sentido de maldad escondida. Aun así, acostumbramos colorear muchas de nuestras suposiciones acerca de Dios como algo siniestro—Dios como algo austero, severo, solemne y amenazador. Por eso solemos considerar cualquier cosa referente a Dios como cosa de sufrimiento, sacrificio y solemnidad. Aunque estas cualidades tienen su lugar vital en el caminar cristiano, Dios quiere envolver, aun estas, en la belleza gozosa de Su hermosa santidad de amor.

Esta santidad divina se desenvuelve con resplandor, belleza, gozo, alegría y deleite. Llena el corazón de gozo y cántico no importan las circunstancias inmediatas. Fue esto, y sólo esto que podría haber causado a los primeros discípulos de Jesús "tener por sumo gozo" al encontrar diversas pruebas (Santiago 1:2). Podrían aceptar el sufrimiento como causa de gloria (Filipenses 3:10) y podrían cantar en las tinieblas (Hechos 16:25). "Al Mundo Paz" ha de ser más que un canto navideño—es el canto lema del cristiano.

En el primer capítulo hablamos de la hermosura del glorioso color que emana de la santidad de Dios—el color de puro amor. Los colores que irradian del corazón de Dios siempre son puros. Para que el color sea puro, tiene que ser sin contaminantes. Tal es el color de Dios, y tal es el color que Dios quiere colorear en nuestras vidas. Juan habla de este color como algo tan puro como el "amor perfecto" (I Juan 4:18)—un amor que no es absolutamente nada menos que Él mismo. No debemos esperar nada menos que eso cuando Dios pinta con un pincel santo sobre el lienzo de nuestras vidas.

Este amor santo, por su propia naturaleza, no es individualista—en que todo tiene que ver conmigo, mi santidad o mi pureza para mi propio bien. La santidad apunta hacia afuera, no hacia adentro. El amor santo no es nada ego-céntrico. Nos liberta del narcisismo que plaga a nuestro mundo, que causa que "cada uno mire por lo suyo propio," y "no por lo de otros" (Filipenses 2:4). Esta es una obra profunda de Dios que quita el ojo de nosotros mismos para pensar así como escribió el Apóstol Pablo, "Nada hagáis por contienda o por vanagloria; antes bien con humildad, estimando cada uno a los demás como superiores a él mismo (Filipenses 2:3). Este enfoque hacia afuera nos lleva de nuestro mundo "seguro" a colocarnos en lo más reñido de nuestro mundo con todas sus injusticias sociales, como intolerancia, racismo, clasismo y otras prácticas impías. La verdadera santidad defiende el "y" del Gran Mandamiento por "amar al Señor tu Dios con todo el corazón, alma, mente y fuerzas" Y "amar al prójimo como a ti mismo."

Pero, ¡espera! Los dedos roedores de la duda comienzan a asfixiar nuestras esperanzas. Nos preguntamos si no estamos estableciendo normas demasiado altas. No nos atrevemos a construir una fantasía que haría más daño que bien, desanimando a las almas sinceras. ¿No es cierto que estamos rodeados por una nube ominosa de fracasos? ¿Hemos de llamar a los cristianos a algo que podría causarles vivir bajo más condenación? Viendo tales negativos, es una tentación dejar a un lado el tema de la santidad. Pero, no podemos, si es que somos leales a la Palabra de Dios. Las Escrituras explotan con el color de la santidad que Dios espera de nosotros, y que ha sido experimentada. No estamos desanimados porque la santidad no es nuestra idea, sino de Dios—es el corazón y la intención declarada de Dios para nosotros, y no depende de nuestra habilidad, sino de la habilidad y las promesas de Dios.

Sentimos en nuestros corazones aquella misma sensación que sintieron Pedro y Juan al proclamar, "...no podemos dejar de decir lo que hemos visto y oído" (Hechos 4:20). Escuche al testimonio de la Palabra:

> Cuando la Escritura declara, "Seréis santos, porque Yo soy santo" (I Pedro 1:16), esa es una promesa del re-colorear divino.

Cuando la Escritura declara, "Os daré corazón nuevo, y pondré espíritu nuevo dentro de vosotros; y quitaré de vuestra carne el corazón de piedra, y os daré un corazón de carne" (Ezequiel 36:26), esa es una promesa del re-colorear divino.

Cuando la Escritura declara, "...Él os bautizará en Espíritu Santo y fuego" (Mateo 3:11), esa es una promesa del re-colorear divino.

Cuando la Escritura declara que Dios "nos escogió en Cristo antes de la fundación del mundo para que fuésemos santos y sin mancha delante de Él en amor" (Efesios 1:4), esa es una promesa del re-colorear divino.

Simón Pedro captó la increíble promesa de poder conocer este color divino entrando en nuestras vidas tan grises. ¡Quién mejor para hablar de esto que un hombre que había fallado tan miserablemente como Pedro! A veces se encuentra color en los lugares menos esperados. Años más tarde, después de experimentar el toque libre y lleno del divino pincel aplicando el color de Dios sobre el lienzo de su corazón, Pedro exclamó, "Como todas las cosas que pertenecen a la vida y a la piedad nos han sido dadas por Su divino poder, mediante el conocimiento de aquel que nos llamó por Su gloria y excelencia, por medio de las cuales nos ha dado preciosas y grandísimas

> Dios quiere colorearnos a nosotros, aun a los Pedros de este mundo, en tintas de bondad y de amor.

promesas, para que por ellas llegaseis a ser participantes de la naturaleza divina, habiendo huido de la corrupción que hay en el mundo por causa de la concupiscencia..." (II Pedro 1:3,4).

Este testimonio maravilloso no procedió de alguna persona suave, bien preparada y culta, educada con palabras religiosas sofisticadas. Este fue un pescador temperamental azotado por el viento y bronceado por el sol, que siempre hablaba con fuerza y honestidad. Él había llegado a saber que el poder divino de Dios "¡nos ha dado todas las cosas que pertenecen a la vida y a la piedad!" Pedro había llegado a conocer a este Dios Quien hace grandes promesas acerca de participar de Su naturaleza santa. Dios quiere colorearnos a nosotros, aun a los Pedros de este mundo, en tintas de bondad y de amor.

A la vista de muchos posiblemente Pedro hubiera parecido como hombre ignorante e iletrado, pero él no era ignorante de las Escrituras. Conocía la Toráh, los Salmos, y las palabras de los profetas. El problema era que, como la mayoría de los judíos de su época, Pedro no podía ver la revelación completa de Dios. Pero un día, por la bondad de Dios, todo se consolidó para Pedro. Él vio estas "preciosas y grandísimas promesas" tanto en su fuente como en su alcance. Más tarde, él reportaría de Cornelio, el centurión Gentil quien había recibido la misma experiencia. ¿La conclusión de Pedro? "Y Dios, que conoce los corazones, les dio testimonio, dándoles el Espíritu Santo lo mismo que a nosotros; y ninguna diferencia hizo entre nosotros y ellos, purificando por la fe sus corazones" (Hechos 15:8,9). Los colores de la santidad de Dios que habían iluminado la vida de Pedro podrían tocar la vida de cualquier persona, sea Judío o Gentil—aun la tuya y la mía.

La hermosura asombrosa de este color exhibido en la vida de Pedro le sumergiría en un mundo que antes había procurado evitar—el mundo de los "inmundos" (Hechos 10). Aquí es donde se enfrenta a la realidad, cuando la santidad proyecta su color a los lugares menos esperados. La Misión Evangélica Mundial tiene como su valor central un enfoque integral. Este es un propósito deliberado de "tocar y transformar vidas, comunidades y naciones" al nivel más profundo de sus necesidades más profundas, sean físicas o espirituales, orando y participando activamente en el meollo del 'Padre Nuestro': "Hágase Tu voluntad, como en el cielo, así también en la tierra" (Mateo 6:10). Este enfoque del ministerio no evitará que a veces haya la necesidad de volcar las mesas de los cambistas en el templo con el propósito santo de corregir lo malo. Una santidad sin un celo por la integridad de la creación de Dios no es santidad con integridad completa. Dios transforma a Su pueblo para que ellos puedan ser instrumentos de transformación integral en este mundo desesperado.

Después de Su resurrección, Jesús se juntó con dos hombres caminando sobre el camino a Emaús. Como Pedro, conocían la Escritura como piezas de un rompecabezas, piezas pintorescas dispersas sobre una mesa, con algunas ya conectadas, algunas, boca abajo, y algunas caídas en el suelo o todavía en la caja. Dios quería que ellos y nosotros veamos y gocemos el cuadro completo una vez que todas las piezas estén unidas en la vida, muerte y resurrección de Jesús. ¡Es un cuadro de la santidad del amor divino originado en Dios, colgado sobre la cruz de Jesús, escapando la tumba, con el propósito de ser visto mediante el pueblo de Dios que ha participado y esté viviendo esa santidad!

Y, ¿dónde encontramos ese cuadro completo, el cuadro entero y santo? Podemos dejar que la cantata de Joseph M. Martin titulado "Los Colores de la Gracia" ("Colors of Grace") nos guíe. La cantata celebra musicalmente la "Semana Santa" cristiana. En el prólogo él declara: "Desde la Pascua de jueves por la tarde hasta las horas oscuras sobre la cruz el viernes, la luz de Cristo continuó iluminando la Verdad. Con claridad intensa, el Maestro estaba enseñándonos por ejemplo las más grandes lecciones de Su ministerio: servicio, humildad, y perdón. Mediante Cristo, el espectro completo de la gracia de Dios se refleja en hermosas tintes sobre nuestras vidas. En el sufrimiento de esta Semana Santa, *descubra el gozo*. En sus tinieblas, *vea la Luz*."

Jesús ayudó a Pedro y a los hombres del camino a Emaús a conectar las piezas. Es cosa maravillosa cuando esto ocurre en nuestras vidas. Como un niño recibiendo la ayuda de alguien quien sabe dónde cabe cada pieza de un rompecabezas, nosotros nos emocionamos porque al fin comenzamos a ver el cuadro completo, captar el significado, y realizar el cumplimento de la promesa. De repente, piezas de colores desparramadas llegan a ser un cuadro de hermoso color coordinado. Esto ocurre a aquellos quienes se hacen sensibles a la voz del Espíritu de Dios abriendo las Escrituras a sus almas hambrientas. Luego, se refleja en lo que algunos llaman "El Año Cristiano," un recordatorio anual de la vida, muerte, y resurrección de Jesús—el total del mensaje salvador y transformador de Dios, y el alma de la santidad de la iglesia en todas las edades.

El Año Cristiano es una manera distintiva y pintoresca para que los creyentes marquen el tiempo. Destaca el patrón bíblico de memorias esenciales que inspiran el crecimiento y gozo espiritual!

El Azul Real (Adviento) mueve al Puro Blanco (Navidad), luego al Negro (Cuaresma), que conduce a Amarillo Brillante (Resurrección), seguido por la purificación de Rojo Encendido (Pentecostés) y siempre el Verde de crecimiento en el Espíritu—¡todo el Blanco mientras se espera la llegada adicional del Rey de reyes y Señor de señores!

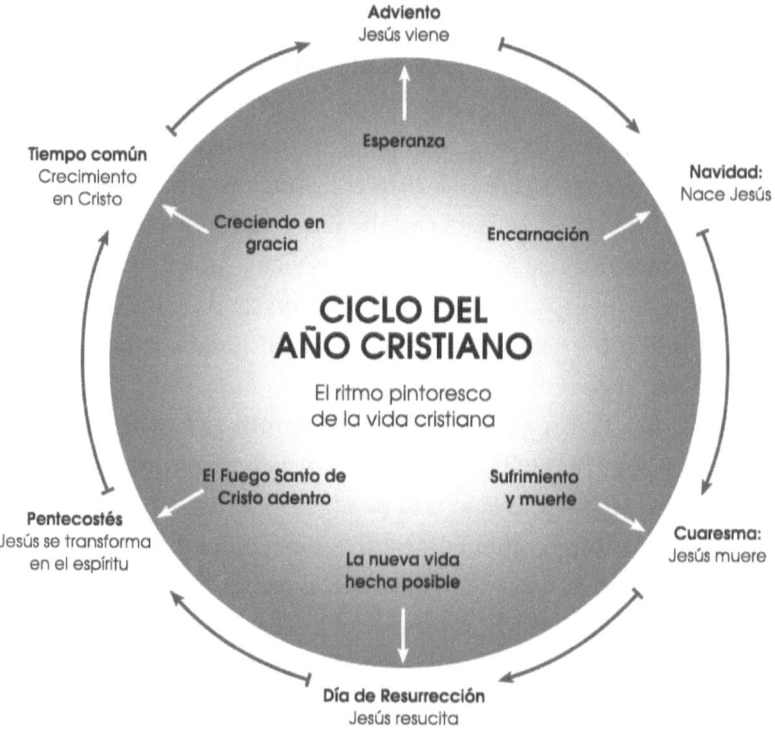

Hambriento De Color

Un afiche en un salón de salud dice, "Añade color a tu vida." Estaba animando a la gente a asegurarles que comiera de los cinco grupos principales de alimentos que son importantes para cada día. Cada grupo fue identificado por un color—comidas verdes, comidas moradas, comidas amarillas, comidas rojas, y comidas anaranjadas. Muchas veces estas son las mismas comidas que a nuestros hijos no les gustan, y tenemos que luchar con ellos para que las coman. Los padres saben, sin embargo, que es importante que los niños adquieran un gusto por tales comidas para asegurar su salud y crecimiento.

Todo el que haya hecho de estas comidas una parte de su dieta diaria sabe que no sólo son buenas para la salud, pero son muy agradables al paladar. Por lo general, el problema con los que no gustan de ciertas comidas saludables no es tanto el sabor de la comida como el que no se han acostumbrado al sabor desconocido. Nuestro apetito por las comidas rápidas y de poca nutrición domina la sociedad, lo cual crea problemas serios de salud. Michelle Obama, esposa del Presidente de los EUA, ha asumido este problema como una causa en los EUA, procurando reducir el consumo, especialmente entre niños escolares, de comidas menos saludables, y a la vez procurando que las escuelas sirvan comidas más saludables. Es una causa noble que al fin y al cabo tiene una sola solución, ¡crear en los niños un apetito por los colores de la salud!

De manera similar, si hemos de ser partícipes de la naturaleza divina, del esplendor de la santidad de Dios, tenemos que comenzar con un hambre por Dios. Esto produce lo que la gente de "santidad" solía llamar "buscadores", gente cuyo corazón estaba resuelto a buscar una

> Si hemos de ser partícipes de la naturaleza divina, del esplendor de la santidad de Dios, tenemos que comenzar con un hambre por Dios. La santidad define nuestra relación apropiada con Dios.

sola cosa y que no quedaría satisfecha hasta hallar lo que su corazón anhelaba. Recientemente yo (Barry) usé esta imagen del "hambre" en el subtítulo de un libro.[1] Con la oración que llamamos el Padre Nuestro,

---
1 Barry L. Callen, *The Prayer of Holiness-Hungry People: A Disciple's Guide to the Lord's Prayer (*La Oración del Pueblo Hambriento por la Santidad: Una Guía al 'Padre Nuestro' para un Discípulo*)* Francis Asbury Press, 2011.

Jesús tuvo el propósito de enfocar las verdades centrales de la fe en la vida de los creyentes. Comienza con un silencio santo, una "santificación" del nombre mismo de Dios. La oración entera es para gente hambrienta de santidad—y culmina con una celebración del poder ilimitado de Dios para cumplir lo que se espera y lo que fue prometido.

El Dr. Paul Brand relata cómo el acto de buscar y hallar ocurre entre una madre y su hijo recién nacido. El niño nunca antes ha comido con la boca ni siquiera tiene idea de lo que es la leche. No importa. Al sentir el hambre verdadera, de manera urgente, el infante, de alguna manera, sabe lo que debe hacer. Abre la boca, descubre la parte indicada del cuerpo de su madre, y halla la comida necesaria. La búsqueda activa del infante activa una reacción en el cuerpo de la madre. La madre quiere dar, y el infante quiere recibir—y ambos lo hacen.[2] Este proceso muy humano es una buena analogía del hermoso cuadro de la buena disposición, deseo, y habilidad de Dios para responder a nuestra necesidad espiritual.

La alimentación de infantes provee un nuevo sentido a las palabras de Simón Pedro a la iglesia. "...desead, como niños recién nacidos, la leche espiritual no adulterada, para que por ella crezcáis para salvación, si es que habéis gustado la benignidad del Señor" (I Pedro 2:2, 3). En lo que parece ser una súplica casi desesperada, Dios dice, "Oye, pueblo mío, y te amonestaré. Israel, si me oyeres, no habrá en ti dios ajeno, ni te inclinarás a dios extraño. Yo soy Jehová tu Dios, que te hice subir de la tierra de Egipto; abre tu boca, y yo la llenaré" (Salmo 81:8-10). Las palabras, "Abre tu boca" indican un hambre a la que Dios responde gustosamente, especialmente el hambre por la santidad.

No hay nada más frustrante que tratar de darle comida por cucharaditas a un niñito que no quiere comer. Este proceso termina muchas veces en un lío con más comida alrededor de la boca y sobre la silla que en la boca y estómago del niño. Pero, no hay cosa más encantadora que darle la comida a un niño que, después de probar el primer bocado,

---

2 Paul Brand, *He Satisfies My Soul* (Él Satisface Mi Alma) (Discovery House Publishers, 2008

de buena gana abre su boca para más. Esto trae puro gozo para ambas partes.

A eso es lo que Jesús respondía cuando comenzó a compartir con los dos hombres que iban rumbo a Emaús. Esta parte de la historia en particular es fascinante: "Y comenzando desde Moisés, y siguiendo por todos los profetas, les declaraba en todas las Escrituras lo que de Él decían" (Lucas 24:27). ¿Puedes imaginar esos momentos? ¿Alguna vez te has preguntado cuántos versículos habría citado Jesús? ¿Alguna vez te has preguntado cuáles versículos Él habría enlazado de una manera fresca? Lo mismo podría preguntarse de la referencia de Pedro en II Pedro 1:4 a lo que él llama las "preciosas y grandísimas promesas que Dios nos ha dado" para que "por ellas llegaseis a ser participantes de la naturaleza divina…"

Una cosa que se aclara al considerar la Palabra de Dios, es que Dios ha rehusado dejar la santidad como un sujeto celestial, o algo de otro mundo. Él la trajo aquí a la tierra, tocando, llenando, y marcando vasos, lugares y personas muy terrenales y humildes con Su Persona— Su color de santo amor exhibido en carne como la nuestra. Dios nos permite tocar lo divino en Cristo—la gloria hecha presente con nosotros. El Apóstol Juan dijo, "Y aquel Verbo fue hecho carne, y habitó entre nosotros (y vimos Su gloria, gloria como del Unigénito del Padre), lleno de gracia y de verdad" (Juan 1:14). Juan se sintió conmovido en su corazón por ese hecho tan dramático que más tarde escribió: "(Os declaramos) lo que era desde el principio, lo que hemos oído, lo que hemos visto con nuestros ojos, lo que hemos contemplado, y palparon nuestras manos tocante al Verbo de vida…" (I Juan 1:1). ¡La teoría teológica se había convertido en realidad experimentada!

Juan no deja lugar a dudas. La verdadera fe cristiana tocará y será tocada por participar personalmente y ser completamente transformada por la misma Palabra de vida, Jesucristo el Señor. Una vez Juan Wesley lo declaro en forma clásica: "¿Sabes tú lo que es la religión? ¿En qué consiste la participación de la naturaleza divina; la vida de Dios en el alma del hombre; Cristo formado en el corazón; …El cielo comenzado en la tierra? Siendo así, ¿qué ha de hacer el creyente humilde? Seguir adelante hacia el premio de su llamamiento supremo, hasta lograr un corazón puro, totalmente renovado en la imagen de Dios, en justicia y santidad de la verdad."[3] Recuerda lo que escribió Pedro: "...manteniendo buena vuestra manera de vivir entre los gentiles; para que en lo que murmuran de vosotros como de malhechores, glorifiquen a Dios en el día de la visitación, al considerar vuestras buenas obras" (I Pedro 2:12).

Muchos han tratado de refutar la santidad experiencial por lo que consideran la falta de pruebas vivas. Se dice que el Hindú Mahatma Gandhi declaró que fácilmente él hubiera llegado a ser cristiano si no fuera por los cristianos que conocía. ¡Qué triste! El testimonio humano ha de ser evidencia poderosa de la gran verdad de santidad, y por cierto, no una negación pública de ella. Pero, a fin de cuentas, no se confirma ni se refuta por el ejemplo humano, sea bueno o malo. Lo que es verdad es verdad a pesar de la pobreza con que algunos de nosotros la representen.

Demasiadas doctrinas cristianas han sido formadas basadas en la experiencia y preferencia humanas en vez de la autoridad de las Escrituras. La pregunta no es, ¿cuántas pruebas vivas aparecen alrededor de nosotros?, sino, ¿*qué dicen las Escrituras*? Una vez que las Escrituras hayan hablado, eso es todo lo que necesitamos. La verdad se fundamenta en la autoridad de la Palabra inspirada de Dios, y con esto, basta. Esa es la hermosura de la Palabra de Dios; se mantiene por sí sola a pesar de la fragilidad de la comprensión o vivencia humanas. Simplemente tenemos que izar los colores de la santidad bíblica y vivir triunfantemente confiando en sus promesas.

La verdad de la santidad no desciende sobre nosotros como un martillo, exigente, difícil, menos-preciador y represor. Como escribió Pedro, estas son "preciosas y grandísimas promesas, para que por ellas llegaseis a ser participantes de la naturaleza divina." ¿Cuáles son estas promesas? Para ser breve, elevaremos sólo unos pocos versículos bíblicos destacados. Sólo son representativos de otros tantos. Te animamos a pasar por toda la Biblia otra vez de todo corazón, velando, buscando

---

3   Del sermón por Juan Wesley "La Justicia de Fe" *(The Righteousness of Faith)*, y de su Diario, Tomo 1, 284.

y anhelando hallar esas promesas. Quedarás abrumado con el tema santo, el esplendor de la santidad que es la provisión y la expectativa de Dios para nosotros.

Sin embargo, hay algo que debemos notar mientras inquirimos a profundidad sobre la hermosura santa de Dios que se encuentra en toda la revelación bíblica. No buscamos textos "de prueba" aislados para arrojarlos a un Tomás el escéptico que está luchando con sus dudas. La magnitud de versículos en sí poco probará a la persona escéptica. Lo que estamos presentando son ayudas visuales para los de corazón hambriento. Queremos que tales personas vean cómo las muchas piezas se unen para formar un cuadro hermoso. Queremos ayudar a los que buscan para descubrir el camino alto de la santidad que nos conduce a casa con Dios.

Dios habló con Su pueblo escogido, el pueblo de Israel, acera de este camino de santidad que conduce hacia arriba, y finalmente al hogar celestial. Fue enunciado en relación con su próxima liberación de su larga cautividad en Babilonia. Isaías anunció en nombre de Dios: "Y habrá allí calzada y camino, y será llamado Camino de Santidad; no pasará inmundo por él, sino que él mismo estará con ellos; el que anduviere en este camino, por torpe que sea, no se extraviará" (Isaías 35:8). Este es el camino bíblico hacia adelante, el camino tan necesitado por muchos creyentes e iglesias de hoy.

¡Disfruta La Vista!

¿Puedes imaginar la emoción de estos cautivos judíos cuando al fin entraron en el camino que les llevaría de regreso a su tierra amada? Dios les estaba señalando que la santidad no es algo allá en el futuro lejano. La "Tierra Santa" es un camino que ellos—nosotros—podemos atravesar en este momento presente. Caminando sobre ese camino—el camino de Dios—se vuelve santo al conformarse la naturaleza y voluntad humanas con la naturaleza y voluntad divinas.

La Tierra Santa no podría conocerse sin el camino santo. Y la tierra que puede ser santa no está limitada a un área pequeña en las costas orientales del Mar Mediterráneo. Tal como expresó un predicador al hablar de Moisés y la zarza ardiendo (Éxodo 3), 'no importa cuál zarza'. No es el lugar que hace la diferencia, sino la presencia de Dios en ese lugar.

Muchos buscan la santidad como algo para lo cual hay que esforzarse, pero que jamás puede adquirirse en esta vida. Dios, por otro lado, la presenta de una manera que se puede conocer y gozar *ahora* como el único camino a casa con Dios *más tarde*. No hay nada más atractivo, más deseable y maravilloso que el camino que tú sabes que está llevándote a casa. Se vuelve parte de la conexión vital entre dónde estamos y dónde esperamos estar.

Mis experiencias (Hubert) creciendo como un hijo de misioneros en Bolivia, y las responsabilidades del ministerio más tarde, especialmente mi posición actual con World Gospel Mission (Misión Evangélica Mundial), me han llevado fuera de casa muchas veces. De corazón, yo soy hogareño, con todos los placeres que surgen en mi memoria y emociones al pensar en el hogar. Sin embargo, me ha tocado sufrir "distancias", muchas veces saliendo de la casa para estudiar en una escuela de internado, la universidad, ocasiones de predicar, y a veces, hasta los confines de la tierra. La escuela de internado para hijos de misioneros donde estudié estaba situada al pie de las montañas andinas, lejos de dónde mis padres misioneros vivían y trabajaban. Yo sufría de nostalgia. Lo que compensaba por esa pena era la asombrosa carretera Panamericana que se extendía desde Prudhoe Bay, Alaska, en América del Norte, hasta la cuenca baja de América del Sur, y que pasaba justo por nuestro internado. Me enamoré de esa carretera. Me sentía conectado. Era el camino a casa para mí, tal como "el camino de santidad" fue para los israelitas, y tal como ha de ser, y puede ser para todos nosotros.

El escritor a los Hebreos dijo, "…perseguid…la santidad" (12:14). La palabra "perseguir" "se refiere a una línea de acción para seguir o un patrón de vida a qué apegarse, y esto con toda diligencia."[4] Esto es diferente de la palabra "buscar" que quiere decir que todavía no has hallado

---

4 H. Orton Wiley, *The Epistle to the Hebrews* (La Epístola a los Hebreos) (Kansas City, Missouri: Beacon Hill Press, 1959), 395

la cosa buscada. Por cierto, si aún no has hallado el camino, búscalo; pero "seguir" quiere decir que ya lo has descubierto y estás resuelto a quedarte activamente en él. Tú sabes que ese camino te lleva a casa. Recuerda que es la preciosa y grandísima promesa de Dios. ¡Disfruta el panorama! ¡Sigue la carretera de santidad hasta llegar a casa!

Exhibiendo Los Colores Divinos

La santidad es la naturaleza misma de la esencia divina de Dios. Luego viene el llamamiento a la santidad en las Escrituras. No viene porque es una *preocupación* de Dios, sino porque la santidad es el *carácter* mismo de Dios. "La santidad es como es Dios. Para ser santo, Él no se conforma a una norma. Él *es esa norma*. Él es absolutamente santo con una plenitud de pureza infinita e incomprensible que es incapaz de ser otro de lo que es. Porque Él (Dios) es santo, todos Sus atributos son santos; eso es, todo lo que consideramos perteneciente a Dios tiene que considerarse santo."[5]

Dios habla, actúa, y espera desde la fuente eterna de la santidad que es Él mismo. La santidad, al ser presentada bíblicamente es, por lo menos, todo lo siguiente:

La Santidad es el Punto Central de la Identificación de Dios

Dios era conocido por varios nombres, los cuales fueron revelados muchas veces a varias personas a través del período del Antiguo Testamento. El nombre que más claramente describía quién es Dios para la mente del israelita, era la referencia a Él como "El Santo de Israel." Y ese nombre divino había de ser el nombre para identificarles a ellos también—la intención de un Dios santo es tener hijos santos. Esto no ha cambiado. Este es el nombre por el cual Dios quiere identificar a sus hijos hoy día. Estos son los "santos", los hechos santos.

---

5   A.W. Tozer, *The Knowledge of the Holy* (El Conocimiento del Santo) (N.Y.: Harper and Row, 1961) 112,113

Desde el Sumo Sacerdote del Antiguo Testamento, que llevaba un turbante decorado con las palabras "Santidad a Jehová", hasta el sacerdocio del Nuevo Testamento con su comprensión clara que "…(somos) …real sacerdocio…" (I Pedro 2:9), los hijos de Dios han de llevar el apellido paternal, el apellido de Dios, la naturaleza santa de Dios. Para cualquiera que tiene la intención de pasar el resto de la eternidad con Dios, ese apellido tiene que ser asumido y honrado. Fíjate en los puntos destacados de la enseñanza bíblica.

Este es el nombre por el cual Dios es conocido en las eternidades. "Y los cuatro seres vivientes tenían cada uno seis alas, y alrededor y por dentro estaban llenos de ojos; y no cesaban día y noche de decir: Santo, santo, santo es el Señor Dios Todopoderoso, el que era, el que es, y el que ha de venir."

Este es el nombre por el cual cualquier persona entrará en las eternidades. Fue Juan quien escribió, "Amados, ahora somos hijos de Dios, y aún no se ha manifestado lo que hemos de ser; pero sabemos que cuando Él se manifieste, seremos semejantes a él, porque le veremos tal como Él es. Y todo aquel que tiene esta esperanza en Él se purifica a sí mismo, así como Él es puro."

Este es el nombre por el cual los hijos de Dios se identifican eternamente. Aquí está nuestra "cédula de identidad" eterna. Juan escribe a aquellos que verán el rostro de Dios, diciendo, "… y verán Su rostro, y Su nombre estará en sus frentes" (Apocalipsis 22:4). El pecado vuelve la espalda a Dios. Nuestra santificación como creyentes requiere volver nuestros rostros hacia Dios y en sentido opuesto a nosotros mismos. ¿Podría ser que cuando veamos a Dios tal como es, nuestros rostros llevarán la semejanza divina? Su nombre (Su naturaleza—Su santidad) estará sobre nuestras frentes. La eternidad sólo grabará más profundamente lo que ya tenemos por Su gracia en este mundo.

La Santa Trinidad (Dios) Quien creó a los humanos a la imagen y semejanza de Dios no quiere nada menos que esa imagen y semejanza en nosotros otra vez. Hablando de ese tiempo y lugar finales, Juan cierra su gran Libro de Apocalipsis con las palabras, "…y el que es justo, practique la justicia todavía; y el que es santo, santifíquese todavía." (Apocalipsis 22:11). La santidad es el punto central de la historia bíblica entera, justo hasta las últimas palabras.

La Santidad es el Punto Central de la Exaltación de Dios

Históricamente, la iglesia ha sostenido el concepto de *Soli Deo Gloria* (frase latina por "gloria a Dios solamente"), pero también se ha tropezado con la tendencia de glorificar a los líderes y las estructuras de la iglesia frente el rostro de Dios. Todos apreciamos los logros, éxitos, habilidades, y hechos que distinguen a ciertas personas de lo normal. Sin embargo, cuando comenzamos a exaltarles, tal como hacemos en nuestro día con los deportistas, cantantes, estrellas de cine, políticos, y la realeza, nos exponemos a divisiones, decepciones y desilusiones.

Cada vez que elevamos a alguien, esa persona probablemente nos decepcionará, porque ningún ser humano ni sistema humano puede satisfacer nuestras necesidades humanas más profundas ni las esperanzas de Dios más altas en forma continua, y por cierto, no de manera completa. La iglesia ha errado más al exaltar sobre todo a los seres humanos y los sistemas humanos. Es una confianza indebida que quita nuestros ojos del Señor de Señores y Rey de Reyes. Él es el Único digno de nuestra alabanza, honor, gloria y exaltación. Este afecto por las "estrellas" humanas ha abaratado la imagen de la iglesia y dañado la autoridad de ella. El verdadero santo de Dios se coloca en su posición más alta cuando está arrodillado en la posición más humilde.

Posiblemente esto es lo que ocurrió con Isaías cuando buscaba un lugar de oración (Isaías 6:1). El Rey Uzías había traído esperanza para el reino de Judá, pero la malgastó exaltándose a sí mismo (II Crónicas 26:15). Su fortaleza se convirtió en orgullo, y su orgullo se tornó en su caída: "Mas cuando ya era fuerte, su corazón se enalteció para su ruina; porque se rebeló contra Jehová Su Dios, entrando en el templo de Jehová para quemar incienso en el altar del incienso" (II Crónicas 26:16). La política había tratado de usurpar el lugar y la práctica de los sacerdotes, pero los sacerdotes no cedieron. Aun considerando la furia de Uzías contra ellos (v.19), ellos tuvieron el valor suficiente para oponerse a él. Finalmente, el Señor hirió al Rey con la lepra y él fue excluido de la casa del Señor (II Crónicas 26:21).

Cuando las grandes esperanzas habían sido estrelladas contra las rocas de la debilidad humana, Isaías supo que necesitaba buscar la esperanza a un nivel más alto y más seguro. Cuando el pueblo de Dios comience a buscar vehementemente este nivel más alto (santo), las telarañas del mal pensamiento y la confianza impropias desaparecerán. Como una pintura al óleo, rica, pintoresca y de inestimable valor, que se ha descubierto en una vieja bodega abandonada, la oración humilde redescubre lo que se había perdido. Es en el lugar de fresca humildad y la oración sincera que vemos de nuevo lo oculto, y escuchamos lo que no habíamos escuchado.

Isaías escribe, "En el año que murió el rey Uzías vi yo al Señor sentado sobre un trono alto y sublime, y sus faldas llenaban el templo. Por encima de él había serafines; cada uno tenía seis alas; con dos cubrían sus rostros, con dos cubrían sus pies, y con dos volaban. Y el uno al otro daba voces, diciendo: Santo, Santo, Santo, Jehová de los ejércitos; toda la tierra está llena de su gloria" (Isaías 6:1-3).

¿Santidad? ¡Por supuesto! ¡Este es el Dios quien existe por sí mismo, separado de su creación! ¡Este es el Dios quien es otro! ¡Este es el esplendor singular de Dios! ¡Este es el color hermoso y amoroso de Dios que primero ciega los ojos, y luego los abre! La santidad es punto central de la exaltación de Dios, y la única esperanza para el pueblo de Dios.

La santidad demanda una clase diferente de relación con Dios. El "Santo, Santo, Santo, Jehová de los ejércitos" nos transporta de las pretensiones desconsideradas y superficiales de mucho de lo que es considerado "alabanza y adoración" en estos días, a un sentido profundo de lo sagrado, maravilloso y solemne del nombre y presencia de Dios. Esto elimina lo ridículo de nuestra religión y pone en duda muchas de las cancioncillas que promovemos como cánticos sagrados. Textos

Escriturales como I Crónicas 16:28,29 muestran lo ridículo que es la adoración hueca: "Tributad a Jehová, oh familias de los pueblos, Dad a Jehová gloria y poder. Dad a Jehová la honra debida a su nombre; Traed ofrenda, y venid delante de él; Postraos delante de Jehová en la hermosura de la santidad." La santidad de Dios demanda una clase de adoración diferente, elevándola de un enamoramiento con volumen y tempo a la adoración y alabanza verdaderas de lo divino.

La santidad define nuestra relación verdadera con Dios. Uno no se queda mucho tiempo ante el trono de Dios sin reconocer que el pecado no tiene ningún lugar ante esa presencia. Isaías responde diciendo, "…¡Ay de mí! que soy muerto; porque siendo hombre inmundo de labios, y habitando en medio de pueblo que tiene labios inmundos, han visto mis ojos al Rey, Jehová de los ejércitos" (Isaías 6:5). Cualquiera que haya estado en este lugar santo sabe que no es posible permanecer allá sin una transformación radical. Produce un clamor del corazón—no de desesperación, sino de esperanza fresca. Es como el amante declarándose indigno, y sin embargo esperando la sonrisa, el toque, la mano acogedora del ser tan profundamente amado. La expectación es por un lenguaje corporal favorable del ser amado, cualquiera señal que indique aceptación y amor en respuesta recíproca. Ante el alto trono de la gracia divina, el lenguaje corporal de Dios siempre responde con un "¡Sí!".

> Uno no permanece mucho tiempo ante el trono de Dios sin reconocer que el pecado no tiene ningún lugar ante esa presencia.

La santidad nos atrae a una relación íntima con Dios. Paradójicamente, la santidad de Dios es algo tan grande de qué temer, como de no temer. La santidad de Dios es la gran diferencia entre Dios y los seres humanos, pero también puede ser la semejanza encantadora entre Dios y los seres humanos. La santidad de Dios nos guarda de tocar lo sagrado (de manera indebida), pero no impide que lo sagrado nos toque (de manera debida). Y eso es exactamente lo que hizo Dios con Isaías. Escucha su testimonio: "Y voló hacia mí uno de los serafines, teniendo en su mano un carbón encendido, tomado del altar con unas tenazas; y tocando con él sobre mi boca, dijo: He aquí que esto tocó tus labios, y es quitada tu culpa, y limpio tu pecado" (Isaías 6:6,7). La santidad de Dios engendra santidad en los humanos humildes. "Engrandeced a Jehová conmigo, y exaltemos a una Su nombre" (Salmo 34:3).

La Santidad es el Punto Central de la Encarnación de Dios

Dios, en Cristo Jesús, demuestra la hermosa unión de la santidad y la humanidad, confirmando convincentemente que nuestro problema no es la humanidad misma sino nuestra pecaminosidad. Dios, a través de Jesús, removió la separación entre Él y nosotros y nos abrió el camino para entrar realmente en el Lugar Santísimo. El sumo sacerdote había quedado como agente de Dios para el pueblo. Nada inmundo podría pasar por el velo. Dios tenía un propósito con la venida de Jesús—¡llevarnos al otro lado del velo en esta vida!

El escritor de la carta a los Hebreos, cautivado y encantado por esta verdad, exclama, "La cual tenemos como segura y firme ancla del alma, y que penetra hasta dentro del velo, donde Jesús entró por nosotros como precursor, hecho sumo sacerdote para siempre según el orden de Melquisedec" (Hebreos 6:19,20). Es por eso que vino Jesús—Él fue el último Sumo Sacerdote, el único Sumo Sacerdote que podía hacer posible para nosotros la entrada en el Lugar Santísimo detrás del velo. Su encarnación fue absolutamente esencial para hacerlo posible porque para realizarlo requeriría el poder de la cruz y la resurrección.

El Poder de la Cruz

El gran retrato de la redención contiene un elemento que hace que la pintura cobre vida—las sombras. Sin las sombras apropiadas, el cuadro asume un brillo sin vida. Hubo una sombra que cayó sobre el mundo un día, la sombra de la cruz, y produjo la esperanza no solo de ser perdonados, sino también transformados. El escritor a los Hebreos vio el significado de esta sombra al decir, "…Jesús, para santificar (hacer santo) al pueblo mediante Su propia sangre, padeció fuera de la puerta" (Hebreos 13:12). La sombra de esa cruz alcanza hasta los extremos.

Se extiende hacia atrás, cumpliendo las profecías. Isaías profetizó: "Mas Él herido fue por nuestras rebeliones, molido por nuestros pecados; el castigo de nuestra paz fue sobre Él, y por Su llaga fuimos nosotros curados. Todos nosotros nos descarriamos como ovejas, cada cual se apartó por su camino; mas Jehová cargó en Él el pecado de todos nosotros" (Isaías 53:5,6).

Se extiende hacia arriba, satisfaciendo la ley divina. Pablo escribió que "la paga del pecado es muerte, mas la dádiva de Dios es vida eterna en Cristo Jesús Señor nuestro" (Romanos 6:23). Él con-firmó también que "Al que no conoció pecado, por nosotros lo hizo pecado, para que nosotros fuésemos hechos justicia de Dios en Él" (II Corintios 5:21).

Alcanza hasta lo profundo de la mancha. Pedro escribió, "…quien llevó Él mismo nuestros pecados en Su cuerpo sobre el madero, para que nosotros, estando muertos en los pecados, vivamos a la justicia, y por cuya herida fuisteis sanados" (I Pedro 2:24). Pablo toma también ese mismo tema: "Sabiendo esto, que nuestro viejo hombre fue crucificado juntamente con Él, para que el cuerpo del pecado sea destruido, a fin de que no sirvamos más al pecado" (Romanos 6:6). Así, Pablo pudo decir a Tito que "(Jesús) se dio a sí mismo por nosotros para redimirnos de toda iniquidad y purificar para sí un pueblo propio, celosos de buenas obras" (Tito 2:14).

Se extiende hacia afuera, atrayéndonos todos a Dios. Jesús dijo, "De cierto, de cierto os digo, que si el grano del trigo no cae en la tierra y muere, queda solo; pero si muere, lleva mucho fruto…Y Yo, si fuere levantado de la tierra, a todos atraeré a mí mismo. Y decía esto dando a entender de qué muerte iba a morir" (Juan 12:24, 32, 33). Desde el criminal sobre la cruz hasta el centurión que observaba, y luego hasta todo el mundo que le rodeaba, la sombra de Cristo crucificado se extendería con saneamiento santo.

El Poder de la Resurrección

Pablo estableció que la posibilidad de santidad está en relación directa con el poder de la resurrección: "Porque somos sepultados juntamente con Él para muerte por el bautismo, a fin de que como Cristo resucitó de los muertos por la gloria del Padre, así también nosotros andemos en vida nueva" (Romanos 6:4). Pablo declara este mismo tema con gran emoción, "(Yo quiero) conocerle, y el poder de Su resurrección" (Filipenses 3:10). Y así debemos desearlo todos nosotros.

¿Qué significado conlleva la resurrección en nuestras vidas más allá de ser un ancla histórica mayor de la fe cristiana? ¿Será que "hablamos como si Jesús estuviera vivo, pero luego vivimos como si estuviera muerto? En la resurrección de Cristo hay más posibilidad de lo que uno jamás hubiera soñado.[6] Dios cubrió a Cristo con colores reales como el Vencedor de la muerte, el Señor de vida Quien ha comprobado ser poderoso para salvar completamente.

La Santidad, Entonces, es el Punto Central de la Expectativa de Dios

Es imposible declararlo de manera más fuerte ni más frecuentemente: "…como aquel que os llamó es santo, sed también vosotros santos en toda vuestra manera de vivir; porque escrito está: Sed santos, porque yo soy santo" (I Pedro 1:1, 16). La santidad no es meramente una buena idea, una esperanza honrosa de la iglesia. La santidad es la esencia misma de Quién es Dios y de Sus expectativas para nosotros. Todos los tratos de Dios para con la creación son determinados y demostrados, basados en esa esencia. Todo nuestro creer y vivir como seguidores de

---

6 Steve DeNeff, "Living the Resurrection" (Viviendo la Resurrección), sermón predicado en College Wesleyan Church, Marion, Indiana, 28 de abril de 2013.

Cristo han de ser determinados y demostrados con base en esta esencia divina vista y compartida.

A menudo nosotros los cristianos hablamos de los pilares de nuestra fe: eventos y creencias fundamentales sobre las cuales se basa nuestra fe. Los pilares son lo que sostienen una estructura. Quitar cualquier pilar ocasionará que se derrumbe la estructura. Esto es especialmente cierto con respecto al pilar de la santidad. La santidad es la columna central en que se sostiene la tienda de la revelación bíblica. Remover este soporte, y toda la tienda se derrumba. ¡Eso es suficientemente claro!

Posiblemente habrá muchas preguntas acerca del pilar de la santidad, y muchas de ellas serán tratadas en los capítulos que siguen, pero no permitas que las preguntas sin contestar destruyan el pilar. No hemos de temer hacer las preguntas, pero de ninguna manera podemos permitir que esas preguntas desplacen el pilar de la santidad de nuestro edificio de la fe. Dios sabe manejar las preguntas, pero nosotros no seremos capaces de manejar el derrumbamiento de esta verdad vital en nuestras vidas y nuestras iglesias. La integridad de nuestra fe depende de ella. La santidad es el resplandor de la hermosura bíblica.

CAPÍTULO 3

LAS MUCHAS SOMBRAS DE LA LUZ

La Biblia es una narración larga y pintoresca acerca de un Dios santo creando con toda perfección y luego empeñándose en redimir a una creación caída—la santidad, originalmente establecida, y más tarde re- establecida durante muchos siglos, y a gran costo. Originalmente Dios dijo, "Sea la luz" (Génesis 1:3). Mucho más tarde hubo una vida que "era la luz de los hombres" (Juan 1:4). La historia bíblica es con respecto a las muchas sombras y matices de esta historia asombrosa de la santidad creada, perdida, y recuperada.

Hemos aclarado que el tema de la santidad es central a toda la revelación bíblica para nosotros, y a lo que se espera de nosotros. La Biblia es la historia de Dios llamando a un pueblo que sea "linaje escogido, real sacerdocio, nación santa, pueblo adquirido por Dios, para que anunciéis las virtudes de aquel que os llamó de las tinieblas a Su luz admirable" (I Pedro 2:9).

El amor santo es el desbordamiento de la naturaleza misma de Dios hacia toda la creación. Es la esperanza de los seres humanos pecaminosos. Es la enseñanza bíblica clara. Si Dios es santo, el deseo más profundo del Divino es que la creación refleje esa santidad. Otra vez, la Biblia lo aclara: "Porque Yo soy Jehová vuestro Dios; vosotros por tanto os santificaréis, y seréis santos, porque Yo soy santo…" (Levítico 11:45). Pero, ¿cómo? Parece que la santidad está más allá de la experiencia humana, quizá más allá de la posibilidad humana. El pueblo de "Santidad" ha tenido dificultad por generaciones para poder explicar y vivir sus testimonios (véanse capítulos 4 y 5). La Biblia registra instancias numerosas de tales frustraciones y fracasos.

Sin embargo, la luz de Dios refulgente y santa ha resplandecido para que un pueblo santo pudiera surgir y que, mediante ese pueblo especial, el mundo pudiera llegar a conocer ese tesoro especial de Dios. La santidad es un tema bíblico comprensivo. También es un tema complejo siendo que "Hace mucho tiempo, Dios habló muchas veces y de diversas maneras a nuestros antepasados por medio de los profetas" (Hebreos 1:1—NTV). La luz de la santidad tiene muchas dimensiones y matices de esa única luz verdadera.

¡Yo Veo El Arco Iris!

Mi esposa y yo (Barry) estábamos sentados en el comedor de un barco grande cuando ella anunció haber visto algo fenomenal fuera de la ventana redonda que estaba junto a nuestra mesa. El fenómeno apareció de repente y captó su atención. Allí estaba, un arco iris verdaderamente vívido y dramático. Pareció estar tan cerca que su curvatura parecía tocar el agua acogedora. ¡Qué formidable! Hubo muy pocas palabras, sólo que uno por uno los pasajeros, con ojos agrandados de asombro se acercaron a contemplar la escena. Por unos momentos, la apetitosa comida delante de nosotros se quedó olvidada. La naturaleza (¡Dios!)

de algún modo hizo que una belleza inesperada captara con creces la atención de nuestros ojos y vidas.

El arco iris siempre ha deslumbrado a los ojos humanos. Por ser tan excepcional y bello, que hasta en tiempos recientes, ha sido muy difícil explicarlo científicamente; los intentos de explicación del fenómeno han sido muy comunes. Estas se encuentran en las mitologías de muchas culturas. Tan dramática exhibición de color demanda algún tipo de interpretación, probablemente una aún más grande que la de la vida típica en la tierra. La gente ha pensado que el arco iris ha de tener orígenes y significados divinos. ¿Cuáles son?

En la mitología greco-romana, el arco iris era considerado un camino cruzando los cielos hecho por un mensajero (Iris) viajando entre la tierra y el cielo. En la mitología china, era considerado una hendidura en el cielo sellada por una diosa quien utilizó piedras de cinco diferentes colores. En la mitología de la Península Árabe, el arco iris era visto como el arco de guerra de Dios. En la antigua Épica de Gilgamesh, se creía que el arco iris era el collar enjoyado de la Gran Madre Ishtar. Se decía que el escondite secreto de la olla de oro del gnomo irlandés estaba en alguna parte al extremo del arco iris. Desafortunadamente, es imposible alcanzar este lugar misterioso porque el arco iris es un efecto óptico móvil que depende en parte del sitio del observador.

En la Biblia, el arco iris llegó a conocerse como el reflejo de la promesa de Dios. Representa un mensaje santo colmado de la promesa de Dios, y creado como respuesta directa a la ofrenda sacrificial de Noé al Señor, tal como vemos en Génesis 8:20-21 y 9:13-15: "Y edificó Noé un altar a Jehová, y tomó de todo animal limpio y de toda ave limpia, y ofreció holocausto en el altar. Y percibió Jehová olor grato; y dijo Jehová en su corazón: 'No volveré más a maldecir la tierra por causa del hombre; porque el intento del corazón del hombre es malo desde su juventud; ni volveré más a destruir todo ser viviente, como he hecho... Mi arco he puesto en las nubes, el cual será por señal del pacto entre mí y la tierra. Y sucederá que cuando haga venir nubes sobre a tierra, se dejará ver entonces mi arco en las nubes. Y me acordaré del pacto mío, que hay entre mí y vosotros y todo ser viviente de toda carne; y no habrá más diluvio de aguas para destruir toda carne.'"

Esta es la explicación bíblica de los arcos iris, la tal termina con una declaración asombrosa del amor divino duradero. Martín Lutero dijo, "Si yo fuera Dios y hubiera sido tratado como el mundo ha tratado a Dios, yo lo derribaría a puntapiés." Dios, por otro lado, teniendo todo derecho para aniquilar completamente al mundo, y bajo ninguna obligación de ofrecer cualquier otro remedio, escoge colorear el cielo con amor y llenar el mundo con esperanza. La esperanza que reluce en los cielos de Dios significa que hay un escape del desorden pecaminoso de este mundo. Este amor se declara en las hermosas rayas de color brillante, "Yo abriré paso. Yo tendré paciencia. Derramaré esperanza sobre ti. Yo soy santidad durante toda la eternidad y deseo la santidad en toda la creación—y abriré puertas frescas de oportunidad para ella."

> La esperanza que reluce en los cielos de Dios significa que hay un escape del desorden pecaminoso de este mundo.

En un sentido real y verdadero, Dios estaba diciéndole a Noé y a todos nosotros que debido a que "el intento del corazón del hombre es malo desde su juventud" (Génesis 8:21), "jamás volveré a limpiar la tierra con una inundación, pero sí, limpiaré los corazones individuales con sangre—la misma sangre de Mi propio Hijo." En otras palabras, lo que la inundación de muerte en masa no podría hacer en producir la santidad en la tierra, Cristo por una sola muerte traería la santidad en el corazón.

> La crucifixión de Jesús fue marcada por las tinieblas en toda la tierra; pero Su resurrección exhibió un destello de nueva luz y vida, un nuevo día de arco iris para la humanidad.

El intento divino es pintado en Isaías 53, "Él herido fue por nuestras rebeliones, molido por nuestros pecado; el castigo de nuestra paz fue sobre Él, y por Su llaga fuimos nosotros curados," y prometido en Jeremías 31, "Daré Mi ley en su mente, y la escribiré en su corazón; y Yo seré a ellos por Dios, y ellos me serán por pueblo."

Este intento y promesa eran inmensos. ¡No es de extrañar que el olor de la ofrenda sacrificial de Noé fue un olor grato al Señor! Los olores pueden producir memorias preciosas, y esta fue una "memoria" de la promesa de algo más grande que había de venir. En este momento memorable que se extendía más adelante al sacrificio de Jesús, el Hijo, Dios respondió trazando un pintoresco arco Iris a través de los cielos como señal de esperanza para un mundo desesperadamente necesitado de santidad restaurada. La crucifixión de Jesús fue marcada por las tinieblas sobre toda la tierra; pero Su resurrección exhibió un destello de nueva luz y vida, un nuevo día de arco iris para la humanidad.

En un sentido impresionante, la Biblia entera es el arco iris de Dios por escrito. Refleja las varias dimensiones de la revelación amorosa de Dios. Sus colores nos llenan con la plenitud del resplandor de la santidad—la de Dios por naturaleza y la de nosotros por un regalo de gracia. Esta no es una ilusión óptica de una olla de oro mítica que es imposible alcanzar. El pintoresco listón del amor de Dios, si es seguido de todo el corazón, llevará a cualquier buscador sincero a las riquezas centelleantes de la gracia divina recibida y la santidad restaurada. En la fundación de este divino arco iris hay joyas tales que este mundo jamás ha visto.

Un arco iris se compone del espectro entero de los colores de la luz visible, desde la longitud de onda más larga, rojo, a la más corta, violeta. El orden de los colores en un arco iris es: rojo, naranja, amarillo, verde, azul, índigo, y violeta. El rojo está en la parte superior, y el violeta en la inferior, con los otros colores entre ellos. Aquí está el alfa y omega, la esfera completa de belleza, la riqueza completa del ser y creación de Dios. Aquí se encuentra la fenomenal promesa divina que inspira la oración de santidad de alta definición y en todo color:

> **Rojo**—asómbrame, Dios, con la esencia brillante de Tu ser—la parte superior donde todo comienza;
>
> **Naranja**—guárdame despierto, Dios, a los peligros pecaminosos que persisten amenazantes por todos partes;
>
> **Amarillo**—adviérteme cuando algo extraño a Ti procura invadir mi vida;
>
> **Verde**—mantenme siempre en camino hacia adelante para reconocer en mí las perfecciones que se encuentran en Ti;

Azul—ablanda mi voluntad para la sumisión dispuesta a Tu voluntad y propósito superiores;

Índigo—permite la hermosura profunda y brillante de Tu santidad colorear mi vida hasta la médula;

Violeta—consuélame con la seguridad silenciosa del Espíritu que será mi todo en todo, ahora por todos los siglos. Aquí hay esperanza en la promesa de santidad compartida y eterna.

Un Río Dentro del Río

La esperanza de la santidad penetra todas las Escrituras como el Valley Gran Rift penetra desde la parte norte de Siria en la parte suroeste de Asia y corre hasta Mozambique y África del Sur. Esta maravilla geográfica natural, que se extiende unas 3.700 millas como un valle continuo, pasaría casi desapercibido si no fuera visto desde la perspectiva de una gran altura que ahora es posible por la ciencia. Una vez sabiendo que está allá, la puedes ver y quedarás maravillado.

Tal es la verdad y esperanza de la santidad que corren a través de las Escrituras. Es asombroso ver cuántas personas jamás se fijan en un espectacular arco iris hasta que alguien llama la atención sobre él. Y luego, ¡allí está claramente en todo su esplendor! ¿Cómo es que no pudimos verlo? Usando un término popular, la santidad es el "elefante en el cuarto". Es el río dentro del río, el sub-texto del texto bíblico entero. Dios quiere que sea vista y abrazada.

Cuando me gradué (Hubert) de la universidad, volé a Bolivia para juntarme con mi hermano menor para cumplir un sueño de nuestras vidas—seguir uno de los serpenteantes ríos de la tierra donde yo me había criado, siguiendo más allá a ríos cada vez más grandes, y hasta al Río Amazonas, y finalmente al Océano Atlántico. Usamos un pequeño barco para la primera parte del viaje, para después abordar embarcaciones más completas y navegar sobre los ríos cada vez más grandes. Finalmente pudimos conseguir pasaje en un barco de la naval boliviana.

De pronto noté que los pilotos estaban "serpenteando" (así me parecía) en el río, acercándose primero a una orilla, y luego a la otra, y a veces manteniéndose al centro del río. Aquello despertó mi curiosidad y pregunté a uno de los pilotos por qué no navegaba en el centro del río. Él respondió, "Hay un río dentro del río". Quería decir que debíamos seguir la corriente más profunda del río, de otra manera, chocaríamos contra las rocas. No hay nada, —él explicó—, más importante que reconocer la posición del río dentro del río.

Al leer la Biblia, es fácil ser influenciado por agendas privadas, atajando por el centro para ahorrar tiempo, pasando por alto las profundidades y corriendo el riesgo de dar con las piedras. Hay una corriente segura y pura que corre a través de las Escrituras. Si no la vemos, seremos atrapados persiguiendo cosas que nos desvían del asunto principal. Hay un río de santidad dentro del río del amplio texto de la Biblia.

La Biblia entera tiene que ver con la santidad—otorgada, violada, restaurada y recuperada por la gracia divina. Este río dentro del río corre a través de las Escrituras, convergiendo en el tema principal como los rieles de un ferrocarril cruzando las muchas fronteras de Europa. Hay sabiduría en afirmar la "y" que une las partes de muchas cosas.[1] Esto es verdad al hablar del Antiguo *y* Nuevo Testamentos. Una comprensión total de la santidad bíblica requiere ver la fuerte conexión entre la enseñanza de las dos contrapartes bíblicas.[2]

---

1   Vea esto elaborado en Barry I. Callen, *(Caught Between Truths: The Central Paradoxes of Christian Faith)* ("Atrapado Entre Verdades: Las Paradojas Centrales de la Fe Cristiana") (Emeth Press. 2007)

2   Vea esta verdad elaborada en Barry I. Callen, (Beneath the Surface: Reclaiming the Old Testament For Today's Christians) ("Debajo de la Superficie: Recuperando el Antiguo Testamento Para Los Cristianos de Hoy") (Emeth Press, 2012) Anota especialmente "la corriente de santidad" de enseñanza bíblica.

Santos Resplandores en la Biblia

Usando este punto de vista "Biblia-total", déjanos compartir una serie de lugares y maneras en que aparece la santidad a través de la revelación bíblica. ¡Prepárate! Resplandece en casi cada página. Es profunda y debe ser seguida con mucho cuidado.

La Santidad se ve en el Propósito Eterno de Dios.

El Apóstol Pablo anunció que Dios "nos escogió en Cristo antes de la fundación del mundo, para que fuésemos santos y sin mancha delante de Él" (Efesios 1:4). Él conectó el Antiguo con el Nuevo Testamento. El Dios que dijo "hagamos al hombre a nuestra imagen, conforme a nuestra semejanza" (Génesis 1:26) no se había dado por vencido. ¡Satanás no había ganado! Dios se negó a negociar algún tipo de pacto que dividiría a la humanidad—algunos para Dios, otros para Satanás.

Este santo propósito duradero de Dios es nuestra esperanza. Somos creación de Dios y el propósito de Él es nuestra redención completa, regeneración completa, y la restauración completa de todos los corazones a su estado original. Como los restauradores de artefactos dañados que son de gran valor, Dios ha tomado el pincel de Su gracia paciente y ha declarado guerra contra la maldad. Toda la Epístola a los Efesios resuena con este tema.

Por ejemplo, Pablo ofrece una oración profunda para la actualización de este propósito divino: "Por esta causa doblo mis rodillas ante el Padre de nuestro Señor Jesucristo, de quien toma nombre toda familia en los cielos y en la tierra, para que os dé, conforme a las riquezas de su gloria, el ser fortalecidos con poder en el hombre interior por su Espíritu; para que habite Cristo por la fe en vuestros corazones, a fin de que, arraigados y cimentados en amor, seáis plenamente capaces de comprender con todos los santos cuál sea la anchura, la longitud, la profundidad y la altura, y de conocer el amor de Cristo que excede a todo conocimiento, para que seáis llenos de toda la plenitud de Dios" (Efesios 3:14-19).

Uno se puede imaginar a Pablo saltando de júbilo al contemplar la magnitud de esta obra divina. Eleva las manos hacia el cielo al gustar la gloria de esta gran victoria, gritando, "Y a Aquel que es poderoso para hacer todas las cosas mucho más abundantemente de lo que pedimos o entendemos, según el poder que actúa en nosotros, a Él sea gloria en la iglesia en Cristo Jesús por todas las edades, por los siglos de los siglos. Amén" (Efesios 3:20, 21).

Pablo, movido por el corazón e intención de Dios, vuelve a la iglesia e implora a los creyentes a que reclamen para sí toda esta maravilla divina. Él dice, "Yo pues, preso en el Señor, os ruego que andéis como es digno de la vocación con que fuisteis llamados" (Efesios 4:1). Dios ha izado los colores divinos, y esos colores de ninguna manera son colores de derrota. Son colores que han de permitirnos "servirle en santidad y en justicia delante de Él, todos nuestros días" (Lucas 1:75). Por eso, "a Él sea gloria en la iglesia en Cristo Jesús por todas las edades, por los siglos de los siglos. Amén" (Efesios 3:21). Sí, la santidad es el propósito eterno de Dios.

La Santidad se ve en la Creatividad de Dios.

Esto es lo que se nos dice en II Corintios 5:17: "De modo que si alguno está en Cristo, nueva criatura es; las cosas viejas pasaron; he aquí todas son hechas nuevas" (II Corintios 5:17). El "todas" es la santidad restaurada. Si es que sabemos algo acerca de Dios, es esto: Dios crea, y lo que es creado es "bueno". Siguiendo la creación de varón y mujer "en Su imagen, y en Su semejanza," el escritor dice, "Y vio Dios todo lo que había hecho, y he aquí que era bueno en gran manera" (Génesis 1:31). ¡Dios no ha cambiado Su intención ni ha perdido Su toque creativo!

El Apóstol Pablo usa el lenguaje de "nueva creación" al hablar de cualquiera que está en Cristo: "Porque somos hechura suya, creados en Cristo Jesús para buenas obras, las cuales Dios preparó de antemano para que anduviésemos en ellas" (Efesios 2:10). La palabra griega para "hechura" es *poiema* de la cual derivamos la palabra "poema" en español. Dios en verdad es un artista de palabras quien pinta y teje en nuestras vidas los mismos colores e hilos de Su propio corazón. No hay cosa más bella que ver a alguien caminando en armonía con la cadencia pintoresca y emocionante de Dios. Por otro lado, vemos hoy, tanto en el mundo como en la iglesia, las consecuencias tristes de aquellos que están fuera del ritmo con el plan maestro de Dios. Dios es constantemente creativo.

La Santidad se ve en el Hijo de Dios.

El Apóstol Juan vincula el Nuevo Testamento con el Antiguo al comenzar su Evangelio: "En el principio era el Verbo, y el Verbo era con Dios, y el Verbo era Dios. Este era en el principio con Dios. Todas las cosas por Él fueron hechas, y sin Él nada de lo que ha sido hecho, fue hecho. En Él estaba la vida, y la vida era la luz de los hombres. La luz en las tinieblas resplandece, y las tinieblas no prevalecieron contra ella….Y aquel Verbo fue hecho carne, y habitó entre nosotros (y vimos Su gloria, gloria como del unigénito del Padre), lleno de gracia y de verdad…A Dios nadie le vio jamás; el unigénito Hijo, que está en el seno del Padre, Él le ha dado a conocer" (Juan 1:1-18). Fíjate en el uso de las palabras que describen el color de Dios en Cristo—vida, luz, y gloria. Jesús exhala la santidad resplandeciente de Dios—¡Dios encarnado en vivo color!

El escritor a los Hebreos capta de una manera magistral la hermosura completa de esta santidad vista en Jesús, el Hijo de Dios. Escucha al chasquido del pincel del escritor mientras pinta el color resplandeciente de Este que cae en forma de cascada sobre las cataratas del tiempo y de la eternidad. Sigue el fluir de la mano del escritor al comenzar a llenar el lienzo con el color puro de la divinidad, expresando el significado mismo de la vida. ¿Quién es Jesús? "Y Él es el resplandor de su gloria, y la imagen misma de Su sustancia, y quien sustenta todas las cosas con la palabra de su poder, habiendo efectuado la purificación de nuestros pecados por medio de sí mismo, y se sentó a la diestra de la Majestad en las alturas" (Hebreos 1:3).

¿Has contemplado una pintura que te dejó sin respiración? No habría palabras como para describir lo que sentiste. Aquí tienes esa pintura. Lo que nos hace falta en palabras, la Biblia lo ha suplido en una escena conmovedora. Únete al deleite de estas voces mientras contemplan a Dios en Cristo Jesús. Juan escribe: "Y miré, y oí la voz de muchos ángeles alrededor del trono, y de los seres vivientes, y de los ancianos; y su número era millones de millones, que decían a gran voz: El Cordero que fue inmolado es digno de tomar el poder, las riquezas, la sabiduría la fortaleza, la honra, la gloria y la alabanza. Y a todo lo creado que está en el cielo y sobre la tierra, y debajo de la tierra, y en el mar, y a todas las cosas que en ellos hay, oí decir: Al que está sentado en el trono, y al Cordero, sea la alabanza, la honra, la gloria y el poder, por los siglos de los siglos. Los cuatro seres vivientes decían: Amén; y los veinticuatro ancianos se postraron sobre sus rostros y adoraron al que vive por los siglos de los siglos" (Apocalipsis 5:11-14).

¡Sí, asombroso! "Él (Jesús) es el resplandor de Su gloria, y la imagen misma de Su sustancia" (Hebreos 1:3). Cuando preguntamos sobre el color de Dios, hemos de mirar a través de los ojos del Espíritu hacia Jesús. Verlo claramente es ver al Padre quien lo envió (Juan 6:46). El verle claramente produce de los labios aquella singular exclamación, "Santo, santo, santo, el Señor Dios Todo-poderoso, el que era, el que es y el que ha de venir" (Apocalipsis 4:8). En esta gran verdad, esta pintura maestra conmovedora que exhibe a Jesús en el Padre y al Padre en Jesús, el cristianismo se juega su propia vida. Con una convicción inmovible, muchos cristianos han dado sus vidas—y hallaron nueva vida. La única reacción apropiada es— ¡Coloréame santo!

La Escritura declara tanto que Jesús es completamente Dios con nosotros para nuestra salvación, como que es completamente humano, uno con nosotros, excepto por nuestro pecado. En esa verdad se encuentra la más grande hermosura, y el último misterio. Ha habido mucho menosprecio por el ser humano en el pensamiento cristiano. Según este pensamiento, ser humano es el problema principal. Al contrario, ser humanos es nuestra más grande bendición. Dios creó la humanidad como la culminación de Su obra, y la declaró toda buena. Usamos nuestra humanidad como una excusa por nuestra conducta y nuestras actitudes malas con esta declaración, "Sólo soy humano." Aunque no hay duda que el pecado ha afectado nuestra humanidad en muchas maneras, el problema real no es que seamos humanos. El problema es que hemos sido impactados profundamente por el pecado y necesitamos una santidad restaurada para volver a ser verdaderamente humanos como fuimos creados originalmente.

Cuando Jesús nació de la virgen María, se hizo carne con todo lo que significa ser completa y verdaderamente humano. En Cristo, tenemos a un hombre, como cualquiera de nosotros, afectado *por el* pecado, pero no como nosotros, no *infectado con* el pecado. El problema de los humanos no es que seamos humanos, sino que nos volvimos pecaminosos. Somos la creación de Dios—y cada cual es un cada cual especial a los ojos de Dios. En nuestra forma más pura, somos una gente pintoresca. Dios intenta restaurar nuestro color original, enviando a Jesús como el cuadro perfecto de lo que Él quiere pintado nuevamente sobre el lienzo de nuestros corazones.

> Dios intenta restaurar nuestro color original, enviando a Jesús como el cuadro perfecto de lo que Él quiere pintado nuevamente sobre el lienzo de nuestros corazones.

Después del sermón del domingo por la mañana, un niño se acercó al pastor para preguntarle sobre algo que le había confundido. "Como no," —dijo el pastor—"¿cuál es tu pregunta?" A eso respondió el niño, "Usted dijo que Jesús era un hombre." "Sí," dijo el pastor, ahora curioso. "Y Usted dijo también que Jesús podría entrar en mi corazón." "Sí," replicó el pastor, ahora interesado. El niño siguió, explicando que estaba confundido porque, "Si Jesús es un hombre y yo soy sólo un niñito, y si Él entra en mi corazón, ¡sólo a Él se verá, porque es mucho más grande que yo!" Con la sabiduría de un hombre que conocía la belleza de la verdad, el pastor se sonrió y dijo, "Sí, ¡es cierto! Dios quiere que todo el mundo lo vea a Él en ti." Debíamos cantar una y otra vez con profundo fervor estas maravillas palabras:

> La belleza de Cristo que more en mí,
>
> ¡Su pasión y pureza yo quiero sí!
>
> ¡Oh divino Jesús, ven ten todo mi ser,
>
> Y que puedan en mí tu belleza ver!

Otra vez, Dios se deleita en quiénes somos como humanos, pero no en nuestra pecaminosidad como humanos caídos. Vemos el significado de la segunda parte del gran versículo, Hebreos 1:3. Cristo no solo es "el resplandor de Su gloria, y la imagen misma de Su sustancia", pero también, antes de tomar Su lugar "a la diestra de la Majestad en las alturas", Él "efectuó la purificación de nuestros pecados." Fue por eso que Él vino. Es en esto que tenemos esperanza.

¿Lo ves? Es "¡el río en río!" "Por lo cual también Jesús, para santificar al pueblo mediante Su propia sangre, padeció fuera de la puerta" (Hebreos 13:12). "El Cordero que fue inmolado es digno de tomar el poder, las riquezas, la sabiduría, la fortaleza, la honra, la gloria y la alabanza" (Apocalipsis 5:12). Al navegar

> La santidad es la voluntad de Dios, el deseo más grande del corazón divino para una creación ya destrozada y desfigurada.

por los ríos de nuestros tiempos, tenemos que tomar el cuidado de mantenernos en el canal Jesús. Allí es donde el agua profunda y santa siempre se encuentra.

La Santidad se ve en la Voluntad de Dios

No hay cosa más relevante para nuestro día que el lenguaje claro del Apóstol Pablo a la iglesia en Tesalónica. Tiene que ver con la pureza sexual: "Esta es la voluntad de Dios, vuestra santificación: que os apartéis de la inmoralidad sexual" (I Tesalonicenses 4:3). La inmoralidad era cosa común en las religiones paganas. A menudo los dioses y diosas eran completamente in-morales. Las sacerdotisas proveían servicios sexuales para los hombres que asistían a los templos. Tal cosa nunca debía ser entre los cristianos. Tal actividad es ofensiva al santo Dios conocido en Jesús.

La pureza sexual se basa en la hermosura de la santidad, nos libera de las perversiones del mundo y transforma nuestros corazones y mentes, conformándolos a los deleites de la naturaleza y plan de Dios. La vida sexual del cristiano puede, y debe ser una expresión de la santidad. Dios demanda la purificación de todos los afectos humanos y la restauración tanto de hombres como de mujeres al estado santo como fue planeado originalmente para la humanidad.

El pecado, no importa qué tan lleno de colores uno quiera colorearlo, siempre queda terriblemente 'gris', dañando lo que significa ser humano, degradando y destruyendo la dignidad humana. Mutila la pintura maestra de Dios y luego se atreve a describirla como el resultado del "arte moderno". Desde el punto de vista del mundo, el pecado es inevitable. ¡Qué triste que algunos cristianos ceden a este tipo de color falso!

Un respetado profesor de una universidad cristiana bien conocida iba para una reunión de un grupo pequeño donde él había de discutir sobre la santidad bíblica. Se encontró con un estudiante, que profesaba ser cristiano, y entablaron una conversación acerca de a dónde iba cada cual. Al saber del propósito del profesor, el estudiante expresó sus dudas acerca de la posibilidad de la santidad. Descaradamente él dijo, "Yo voy a pecar cada fin de semana cuando visito a mi novia." Este tipo de pensamiento no proviene de Dios. Proviene de otros dioses que cuestionan, "¿Conque Dios os ha dicho: no comáis de todo árbol del huerto?" (Génesis 3:1). Esta duda antigua acerca de las normas de Dios ha mancillado la belleza y abundancia de la santidad de Dios desde entonces.

Desde el mero principio, Dios nos ha presentado con todo lo que es rico, saludable, y deleitoso—más que suficiente para comer y disfrutar. Dios da todo lo que es "delicioso a la vista y bueno para comer" (Génesis 2:9). A Dios le importan la belleza y la salud, así nos protege con una santa determinación de cualquiera cosa que nos privará de ellas (Génesis 2:17). La santidad es la voluntad de Dios, el deseo más grande del corazón divino para una creación ya destrozada y desfigurada.

La lepra era una de las enfermedades más temible, debilitante, desfiguradora, y desmoralizante, conocida tanto en tiempos del Antiguo como del Nuevo Testamento. Los afectados eran los "intocables" de la sociedad. Una de las historias más conmovedoras en el ministerio de Jesús es cuando un leproso se acercó y se arrodilló ante Él, diciendo, "Señor, si quieres, puedes limpiarme" (Mateo 8:2). ¡Qué perspicacia más asombrosa! El leproso apelaba al mismo deseo y propósito de Dios. ¡Proveer la sanidad, integridad, y santidad, es justamente lo que Dios quiere hacer!

Yo (Hubert) recuerdo cuando mi hija mayor era una niñita viniendo a la oficina de la iglesia (que estaba próxima a la casa pastoral) y diciendo al pastor, "Papi, Si querías vendrías a jugar conmigo." Ahora bien, ¿qué tipo de padre podría decir "no" a eso? ¿Qué estaba haciendo ella? Estaba apelando a mi profundo interés en ella, y fácilmente yo fui movido por esa clase de apelación. Jesús respondió al leproso extendiéndole la mano y tocándole, "'Quiero. Sé limpio.' Inmediatamente el hombre fue limpio de su lepra" (Mateo 8:3).

El Rey David apeló al deseo de Dios por esta clase de limpieza. Cuando la lepra de pecado le había desfigurado, él oró, "He aquí, Tú amas la verdad en lo íntimo, y en lo secreto me has hecho comprender sabiduría…. Crea en mí, oh Dios, un corazón limpio, y renueva un espíritu recto dentro de mí" (Salmo 51:6, 10). En cuanto nos acercamos a Dios con un gran anhelo por limpieza interior del pecado, apelamos al más grande deseo del corazón de Dios. Dios responde amorosa y plenamente porque esta es Su voluntad para con nosotros.

La Santidad se ve en el Llamado de Dios

Fue el viejo, robusto Pedro que, después de muchos años de probar las promesas de Dios, escribió, "Como Aquel que os llamó es santo, sed también vosotros santos en toda vuestra manera de vivir; porque escrito está: Sed santos porque yo soy santo" (I Pedro 1:15, 16). Con el asimiento firme de un pescador, Pedro había agarrado tanto el Antiguo Testamento (Levítico 11:44, 45; 19:2; 20:7) como lo que luego sería el Nuevo Testamento y los unió en una cuerda fuerte y continua de santidad. Él sabía que, como el Señor Samuel Brengle anotó una vez, "Para Dios esta es cosa seria. Es el llamado de Dios, el cual no puede ser eludido."[3]

---

3   El Comisario Samuel Logan Brengle era un evangelista en el Ejército de Salvación en los primeros años del siglo veinte y ampliamente conocido por su habilidad de predicar y escribir. Cinco de sus libros perspicaces son *Auxilios Para La Santidad, Charlas Sobre La Santidad, El Camino De La Santidad, El Secreto Del Ganador De Almas,* y *Cuando El Espíritu Santo Haya Venido.*

Estamos persuadidos que, si se hiciera de nuevo un llamado claro para la santidad por los que conocemos a Dios, veríamos menos separación entre fe y vida, menos descoloramiento de la voluntad de Dios para con nosotros, menos declaraciones como la de aquel joven con propósito de pecar cada fin de semana. Tal propósito deshonra al santo Dios Quien procura permear nuestras vidas con el puro color de amor santo.

La Santidad se ve en el Pueblo de Dios

Tanto el Antiguo como el Nuevo Testamento están repletos de los testimonios de hombres y mujeres quienes, a pesar de sus defectos, fueron transformados por la santidad de Dios. Estos héroes de la fe no siempre actuaron perfectamente, ni tampoco son pintados como algún tipo de super-seres bendecidos con poderes sobrenaturales mucho más allá de lo normal. Aun los "pies de barro" del muy reverenciado Rey David son recordados gráficamente, con todo y el polvo. Lo que los separó de otros era la orientación de sus corazones—"caminaron con Dios", "hallaron favor en los ojos del Señor", "hicieron todo lo que el Señor les había mandado", "hicieron lo bueno ante los ojos del Señor", "tenían un espíritu diferente y siguieron al Señor completamente", y eran "intachables, honorables, temerosos de Dios, renunciando el pecado". Por fe Enoc "caminó…con Dios, y desapareció, porque le llevó Dios" (Génesis 5:23, 24). Entonces, "Por la fe Enoc fue traspuesto para no ver muerte, y no fue hallado, porque lo traspuso Dios; y antes que fuese traspuesto, tuvo testimonio de haber agradado a Dios" (Génesis 5:23, 24; Hebreos 11:5).

La fe no es caminar sobre una sola pierna. Santiago anima a cristianos de dos piernas a hablar de fe y obras—una sin la otra está muerta (Santiago 2:17). Pedro comprendió el caminar santo, el completo caminar de fe, diciendo, "…como Aquel que os llamó es santo, sed también vosotros santos en toda vuestra manera de vivir; porque escrito está: Sed santos, porque Yo soy santo" (I Pedro 1:15, 16).

La salvación no se puede obtener por obra, ni tampoco la santidad, pero la santidad siempre produce buenas obras. Es posible para un ser humano caminar con Dios en esta vida de una manera tal que Dios puede llevarle directamente al cielo sin tener que purificarle por la muerte. La hermosura de la santidad en la vida de Enoc era tan clara y pura que Dios simplemente le traspasó a Su Reino—porque el Reino de Dios ya estaba dentro de él. Los cristianos con integridad espiritual evidencian la santidad en su diario vivir.

La Santidad se ve en el Respirar de Dios

La santidad no es algo con que nos vestimos como un abrigo, llevando a Dios por los pasillos y calles de nuestra vida. La santidad es la plenitud de Dios en nosotros. Fue lo que adquirimos en el principio que nos metió en problemas. Esta orientación hacia el pecado ahora tiene que ser reemplazada por una relación con el Espíritu que desplaza y rellena.

Cuando pecamos contra Dios, perdimos el mismo respirar de Dios. Desde aquel tiempo ha sido el propósito de Dios restaurar en nosotros el mismo respirar del Espíritu de Dios. La preocupación principal de David en su oración penitente del Salmo 51:10-20 fue que él perdiera la presencia de Dios. Desesperado, él clama, "Crea en mí, oh Dios, un corazón limpio, y renueva un espíritu recto dentro de mí. No me eches de delante de ti, y no quites de mí Tu santo Espíritu. Vuélveme el gozo de Tu salvación, y espíritu noble me sustente." El Espíritu de Dios es el aliento, la fuente, la dinámica, el gozo de la santa salvación de Dios que ha de estar presente y palpitando dentro de nosotros.

Nosotros los humanos fuimos hechos para respirar con facilidad. El no poder recobrar el aliento es causa de pánico. Respirar es una de las funciones más naturales e importantes para el cuerpo físico. Sin aire, pronto morimos. La luz se oscurece y finalmente se apaga. Todo color se desaparece mientras el aliento se disipa. Una anciana que se había criado en una granja compartió la agonía de haber visto a su padre, un hombre trabajador, batallar cuando le faltaba el aire puesto que sufría de asma bronquial. Literalmente estaba muriendo de asfixia, la imagen de su sufrimiento se grabó en la mente de aquella joven, pero especialmente el horror de las últimas y esforzadas palabras, "¡Más aire!"

No podemos vivir sin aliento. Cuando lo necesitamos, no hay cosa más sabrosa, más deleitosa, y más satisfactoria que un profundo respiro. Lo mismo es verdad con el alma. Sin el aliento de Dios, nos sofocamos. El Rey David, batallando para conseguir su próximo respiro, clamó al Señor, "¡Más aire!—¡Déjame respirar otra vez! No quites de mí Tu Santo Espíritu (Tu aliento divino)." La iglesia debe estar profundamente preocupada con esto. Muchos mueren por falta de aliento divino, y algunos están muriendo dentro de la misma iglesia. Sufrimos con un oscurecimiento de nuestros ojos porque hemos perdido el aliento de vida—la Persona, presencia, y poder del Espíritu Santo. Nuestra oración tiene que ser—"¡Más aire!"

Dennis Kinlaw señala que el Espíritu Santo es llamado "Santo" por lo que hace en nosotros.[4] Ezequiel profetizó del propósito divino para la semilla de Abraham (que incluye la Iglesia): "Y santificaré mi grande nombre, profanado entre las naciones, el cual profanasteis vosotros en medio de ellas; y sabrán las naciones que yo soy Jehová, dice Jehová el Señor, cuando sea santificado en vosotros delante de sus ojos…Esparciré sobre vosotros agua limpia, y seréis limpiados de todas vuestras inmundicias; y de todos vuestros ídolos os limpiaré. Os daré corazón nuevo, y pondré espíritu nuevo dentro de vosotros; y quitaré de vuestra carne el corazón de piedra, y os daré un corazón de carne. Y pondré dentro de vosotros mi Espíritu, y haré que andéis en mis estatutos, y guardéis mis preceptos, y los pongáis por obra" (Ezequiel 36:23-27).

Fue con este mismo propósito que Jesús se enfrentó con la agonía de la cruz. Él abrigaba la esperanza de la resurrección, y hablaba del propósito eterno de Dios. Todo eso condujo al bautismo con el Espíritu Santo. Jesús dijo a Sus discípulos que "no se fueran de Jerusalén, sino que esperasen la promesa del Padre, la cual les dijo oísteis de mí. Porque

---

4 Esto se oyó a menudo en sus predicaciones, conferencias, y escritos. El Dr. Dennis Kinlaw sirvió de Presidente de Asbury College y de la Francis Asbury Society. Es autor de *"The Mind Of Christ"* (La Mente De Cristo) y *We live As Christ* (Vivimos Como Cristo), entre otros varios libros destacados que presentan un llamado claro a experimentar la vida y mensaje de santidad cristianas.

Juan ciertamente bautizó con agua, más vosotros seréis bautizados con el Espíritu Santo dentro de no muchos días" (Hechos 1:4, 5). Jesús enfocó la importancia vital de la Persona y presencia del Espíritu Santo en la vida de todos sus futuros discípulos (Juan 14-16). Dijo además, "…os digo la verdad: Os conviene que yo me vaya; porque si no me fuese, el Consolador no vendría a vosotros; más si me fuere, os lo enviaré" (Juan 16:7).

Este envío del Espíritu vivificante respalda lo encontrado en Ezequiel 37, esa visión dramática de los huesos secos. La cuestión dependía del poder mismo de Dios para vivificar—"…¿vivirán estos huesos? (Ezequiel 37:3). Entonces el Espíritu del Señor mandó al profeta a hablar a los huesos, diciéndoles "…huesos secos, oíd palabra de Jehová. Así ha dicho Jehová el Señor a estos huesos: He aquí, yo hago entrar espíritu en vosotros, y viviréis" (Ezequiel 37:4, 5). Así hicieron ellos, ¡Y así podemos nosotros!

El Espíritu Santo es el aliento de Dios dentro del alma. Esta es la vida misma de Dios en nosotros, la cual explota en el fruto abundante y hermoso del Espíritu de Dios. Si el Espíritu de Dios es Dios en nuestras vidas, llevaremos el fruto del Espíritu porque esto es quien es Dios, y esto es el banquete pintoresco de la presencia de Dios. Dios es "amor, gozo, paz, paciencia, benignidad, bondad, fe, mansedumbre, y templanza" (Gálatas 5:23, 24) habitando en nosotros. El Apóstol Pablo declara, "Si vivimos por el Espíritu, andemos también por el Espíritu" (Gálatas 5:25). Como declara Pedro, "Como todas las cosas que pertenecen a la vida y a la piedad nos han sido dadas por Su divino poder…" (II Pedro 1:3). ¿Y, cuál es nuestra oración apropiada por la santidad? Oh Dios, ¡Déjanos respirar de nuevo! Déjanos ser llenos del fruto bendito de la purificación, los dones, y la presencia guiadora de Tu Espíritu.

La Santidad se ve en la Sabiduría de Dios

Santiago escribe, "Y si a alguno de ustedes le falta sabiduría, pídasela a Dios, y Él se la dará, pues Dios da a todos generosamente sin menospreciar a nadie" (Santiago 1:5). Esta sabiduría aquí mencionada no es del tipo que busca el mundo—la sabiduría que no desciende de lo alto sino de este mundo—que, según Santiago está llena de "envidias y rivalidades...confusión y toda clase de acciones malvadas" (Santiago 3:16). Tal sabiduría perversa se parece a la acusación de Pablo contra la iglesia de Corinto: "Pues aún son inmaduros. Mientras haya entre ustedes celos y contiendas, ¿no serán inmaduros? ¿Acaso no se están comportando según criterios meramente humanos?" (I Corintios 3:3). Tal supuesta sabiduría, dice Santiago, "no es la que desciende del cielo, sino que es terrenal, puramente humana y diabólica" (Santiago 3:15).

La sabiduría que Santiago nos invita a buscar es una mucho más alta—su fuente no es otra que Dios mismo: "En cambio, la sabiduría que desciende del cielo es, ante todo, pura, y además pacífica, bondadosa, dócil, llena de compasión y de buenos frutos, imparcial y sincera" (Santiago 3:17). ¡Qué lista más pintoresca! Estos son los colores de Dios. Santiago dice que esta "sabiduría que desciende del cielo es primeramente pura." Este color puro de la santidad es lo que llena todo otro color con su pureza resplandeciente.

Según la Biblia, la sabiduría está relacionada directamente con la inteligencia. Es ver la realidad espiritual invisible, un Dios santo, y una respuesta acorde. Job nota que Dios dijo una vez a la raza humana, "He aquí que el temor del Señor es la sabiduría, y el apartarse del mal, la inteligencia" (Job 28:28). La sabiduría es la brújula moral que nos mantiene encaminados en la dirección correcta.

Esto es lo que el Libro de Proverbios considera el meollo del asunto: "Confía en el Señor de todo corazón, y no en tu propia inteligencia. Reconócelo en todos tus caminos, y Él allanará tus sendas. No seas sabio en tu propia opinión; más bien teme al Señor y huye del mal.... El comienzo de la sabiduría es el temor del Señor; conocer al Santo es tener discernimiento" (Proverbios 3:5-7; 9:10). Es imposible mantener sanas nuestras prácticas morales, y rectas nuestras actitudes internas mientras nuestro corazón choca con los caminos santos de Dios.

Un matrimonio misionero sirviendo en Buenos Aires, Argentina, tenía un llamamiento a alcanzar la clase alta para Cristo. Oraban por la dirección del Señor. La esposa estaba involucrada con una compañía que usaba este lema de promoción: "Coloréame Bella". Combinaban los colores de los vestidos con el color de la piel. Luego descubrió que esto era una puerta abierta hacia una población influenciada por la moda. Dentro de poco estaba conduciendo a muchas de estas personas al conocimiento de Aquel que podría colorearlas bellas internamente.

El Apóstol Pablo dijo que "la mentalidad pecaminosa es enemiga de Dios, pues no se somete a la ley de Dios, ni es capaz de hacerlo. Los que viven según la naturaleza pecaminosa no pueden agradar a Dios" (Romanos 8:7, 8). Su respuesta a este choque es sencilla—es fijar la mente en el Espíritu en vez de la carne (Romanos 8:5). Mediante el Espíritu, Dios me "coloreará bello" con "la sabiduría que desciende del cielo," la cual es primeramente "pura; luego pacífica, considerada, sumisa, llena de misericordia y buenos frutos, imparcial y sincera" (Santiago 3:17).

¡Qué oferta de parte de Dios! Sólo tenemos que pedir, "Si a alguno de ustedes le falta sabiduría, pídasela a Dios, y Él se la dará, pues Dios da a todos generosamente sin menospreciar a nadie" (Santiago 1:5). El color de la santidad se muestra en recibir la sabiduría de Dios. ¡Coloréame santo!

La Santidad se ve en las Oraciones a Dios

La Biblia es un libro de oración que abre los caminos a la limpieza interna. Muchos cantos cristianos han sido inspirados por temas de la oración bíblica, especialmente los que tienen temas de limpieza, integridad, pureza y la semejanza divina—¡de Santidad! He aquí algunas palabras selectas de estos:

> Dame un corazón como el Tuyo…

> Límpiame de todo pecado, y libérame…

> Santo Espíritu, respira sobre mí, hasta que mi corazón sea limpio…

Respira sobre mí, Hálito de Dios, hasta que mi corazón sea limpio...

Mi oración más profunda, mi meta más alta, que yo sea como Jesús...

Oh, que yo sea como Tú, este es mi constante anhelo y oración...

Señor, me aborrezco a mí y a mi pecado; entra ahora y hazme limpio...

La belleza de Jesús, que se vea en mí...

Señor, reina en mí—sobre todo pensamiento, sobre toda palabra...

Purifica mi corazón—Llévame a la cruz...

Cambia mi corazón, hazlo siempre veraz...

Que mi vida refleje la belleza del Señor.

Tristemente, en tantas vidas, estas oraciones contenidas en los cantos, aunque bellas y poderosas, terminan como tantas oraciones expresadas pero sin mucha reflexión. Las decimos pero realmente no llevamos ninguna esperanza de que sean contestadas. Estas oraciones pueden ser bellas palabras sin significado inmediato. Algunas son ofrecidas como la preparación normal para la adoración, pero sin ninguna esperanza de la vida real que han de recibir en esa adoración pública. Hacen que la gente *se sienta* mejor pero sin *ser* mejor.

He aquí la lírica crítica de un canto: "Oh Tú, Espíritu Divino, toda mi naturaleza refina, hasta que la belleza de Jesús se vea en mí." Esta oración no es necesariamente algo que siempre es creído, simplemente pronunciado. Satisface la conciencia sin santificar el alma. Esta es la carretera a la religión sin santidad, religión sin una relación divina-humana transformadora. Es la santidad que uno desea sin ser buscada sinceramente hasta ser recibida verdaderamente.

¿Qué pasaría si Dios se permitiera a sí mismo contestar realmente tales oraciones por la santificación? Imagínate lo que esto haría a la iglesia si tales respuestas fueran frecuentes. Traería un tsunami, un maremoto, no de destrucción, sino de transformación. ¿Puedes imaginar lo que esto haría a las familias y a la sociedad? David creyó que si su oración hubiera sido contestada afectaría profundamente a los de su derredor. Él oró, "Así enseñaré a los transgresores tus caminos, y los pecadores se volverán a Ti" (Salmo 51:13). El corazón de la oración de David se encuentra en los versículos 6 a 13:

> Tú deseas la verdad en lo íntimo;
>
> Por eso, enséñame la sabiduría en mi corazón secreto.
>
> Purifícame con hisopo, y seré limpio,
>
> Lávame, y seré más blanco que la nieve.
>
> Crea en mí, Oh Dios, un corazón limpio,
>
> Y renueva un espíritu recto dentro de mí.
>
> Entonces enseñaré a los transgresores Tus caminos,
>
> Y los pecadores se convertirán a Ti.

El clamor es por la conversión a una hermosura aún más blanca que la nieve, la santidad verdadera restaurada.

La oración de David es semejante a la de un Pedro destrozado después de haber negado a Jesús—salió afuera y lloró amargamente. Es el tipo de oración que llega al meollo del problema con la misma honestidad, humildad, y fervor que Saulo (Pablo) experimentó en camino a Damasco. Dios ordenó a Ananías que fuera a él "porque está orando." La idea es, "¡Mira! Este hombre realmente está orando." Saulo era un fariseo de los fariseos, como él diría más tarde, y una cosa que hacían los fariseos era orar. Él había elevado oraciones sinnúmero en su vida, pero de repente él está orando de veras.

Cuando yo (Hubert) era un pastor joven en la parte norte del Estado de Indiana, fui visitado por el Superintendente de la Conferencia. Unos días más tarde él me llevó aparte y comentó sobre su visita para escucharme predicar. Yo esperaba algunas palabras de elogio y afirmación, pero lo que me dijo me pasmó. —Hubert, yo te oí predicar, y tú no tienes ninguna unción, ¿verdad?— Yo me quedé tan asombrado que no sabía cómo responder. Al volver a casa le dije a mi esposa lo que él me había dicho esperando algún apoyo, pero no recibí ninguno. Fui a la iglesia, y allí frente al santuario oré, "Señor, ¿es verdad lo que él me dijo?"

La respuesta fue inmediata—"Sí." Así que caí de rodillas en la banca de en frente y comencé a orar como jamás había orado en toda mi vida. Yo oí a Dios decir, "¡Mira! Él está orando de veras!" Entonces pedí a Dios, "crea en mí un corazón limpio." Clamé por el Espíritu Santo de Dios. El Espíritu vino y dijo, "Sé limpio." Dios vino a mi corazón aquel día de una manera definida, estableciendo un proceso de desarrollo espiritual que me llevaría a rendirme a Dios para ser moldeado cada vez más a la imagen de Jesús.

Hemos aprendido que "el Señor disciplina a los que ama, y azota a todo el que recibe como hijo" (Hebreos 12:6). Como dijera alguien, Dios nos disciplina para aumentar nuestro fruto y nos castiga para disminuir nuestras faltas. Ha habido una rendición desde el corazón hacia afuera de la vida. Muchos de los goces grandes de nuestras vidas en la iglesia serán producidos únicamente por tal rendición.

Una de las cosas más emocionantes que conocemos es ver un rodeo, especialmente la competición entre los que montan los toros. Los esfuerzos del animal para derribar al jinete son increíbles. Qué diferente es esto de la competición de lazar a un novillo en que el caballo sigue la voluntad del jinete. El caballo disciplinado piensa sólo en trabajar para su amo. La diferencia está en la sumisión. El caballo podría ser totalmente entrenado para el sometimiento de su voluntad a la de su dueño—¡algo tan distinto de aquellos toros!

Uno de los problemas que confrontamos en discipular a los creyentes es tratar con cristianos que aún tienen el "alma salvaje" dentro de sí (el caballo chúcaro que no se somete). Difícilmente aprenden y parece que retroceden vez tras vez sobre la misma falla. Una cosa asombrosa ocurre para el aprendizaje y el crecimiento una vez que se ha hecho una sumisión total de la voluntad y de los caminos a Dios. Es lo que decía David cuando oró, "Devuélveme la alegría de Tu salvación; que un espíritu obediente me sostenga. Así enseñaré a los transgresores tus caminos, y los pecadores se volverán a ti" (Salmo 51:12, 13). La santidad es un espíritu dispuesto.

En la oración de Jesús por Sus discípulos había una urgencia: "No te pido que los quites del mudo, sino que los protejas del maligno. Ellos no son del mundo, como tampoco lo soy Yo. Santifícalos en la verdad; Tu palabra es la verdad" (Juan 17:15-17). Es con la misma urgencia que el Apóstol Pablo ora por la iglesia: "Que Dios mismo, el Dios de paz, los santifique por completo, y conserve todo su ser—espíritu, alma y cuerpo—irreprochable para la venida de nuestro Señor Jesucristo. El que los llama es fiel, y así lo hará" (I Tesalonicenses 5:23, 24).

Si el Rey David oró así por sí mismo, y Jesús oró así por Sus discípulos, y el Apóstol Pablo oró así por la iglesia, nosotros hemos de entregarnos a tales oraciones. Ellas producirán una respuesta porque surgen del corazón de Dios para con nosotros. ¿Abrirás tu corazón para la respuesta de Dios por ti a esta oración? ¿Orarías y creerías que Dios "te coloreará con belleza"? Comienza con la oración bíblica usada en un bello himno cristiano:

> "Examíname, oh Dios, y sondea mi corazón; Ponme a prueba y sondea mis pensamientos.
>
> Fíjate si voy por mal camino, Purifícame de todo pecado, y libérame.

Señor, toma mi vida, y hazla tuya toda; Llena mi pobre corazón con Tu gran amor divino.

Toma mi voluntad, mi pasión, mi todo, mi orgullo. Ahora me rindo; Señor, habita mi ser."[5]

¡Amén! ¡Así sea, Señor!

---

5   Versos 1 y 3 del himno *"Cleanse Me"* (Purifícame) por J. Edwin Orr.

Nota. Es el himno # 200 del himnario Metodista Mil Voces Para Celebrar. Solamente la primera estrofa calza con la traducción literal del inglés: "Mi corazón, Oh examina hoy Mi corazón, oh examina hoy; Mis pensamientos prueba, oh Señor. Ve si en mí perversidades hay; Por sendas rectas lléveme tu amor."

LA SANTIDAD...EXTRAVIADA
HISTORIA DE LA IGLESIA

CAPÍTULO 4

DISTORCIONES OSCURAS

> No temo que el pueblo que se llama Metodista alguna vez cesara de existir en Europa o en América. Pero sí temo que podría existir solamente como una secta muerta, teniendo la forma de religión sin el poder. —Juan Wesley

Es tanto triste como es una realidad. De alguna manera los tonos hermosos de la belleza santa de Dios han sido estropeados. Aunque sea claramente bíblica, la vivencia santa no siempre ha sido demostrada en la vida cotidiana de la iglesia. Tal como Juan Wesley temía (vea arriba), puede haber una santidad nominal nada más, una "secta muerta" que aún lleva la forma pero no el poder, las palabras sin la realidad. El pueblo de Dios ha sido distraído, oscurecido, y despojado de los resplandecientes colores divinos. Queda un mal que tira en dirección equivocada. El Mal (el Diablo) opera activamente siempre volcando y revolviéndolo todo, produciendo lo falso para reemplazar lo genuino.

Aun lo mejor de las cosas puede descarriarse. Pueden amargarse, pueden perder su color gozoso, y descolorarse en disensión y desuso. Esto ocurrió entre cristianos de generaciones posteriores a los que primeramente fueron inspiradas por el Movimiento de Santidad en Norteamérica e Inglaterra del siglo diecinueve. Una manera importante para producir un nuevo día en la iglesia de hoy es entender lo malo que ocurrió en el pasado distante y el pasado más reciente. ¿La Santidad? ¡Por supuesto! Pero la santidad, tan central a la enseñanza bíblica y al mismo corazón de Dios, también se ha desviado.

Una Oscuridad Descendió

¿Qué ha pasado? Ciertamente la sociedad ha cambiado. El cambio parece inevitablemente y puede producir confusión entre cristianos serios. Con la cuestión de cómo la fe ha de ser aplicada a la vida y a las normas y necesidades de una dada sociedad, ¿qué es permanente, y qué es pasajero en el mundo de hoy?

En América del Norte, durante las décadas recientes hemos observado una cultura rápidamente cambiante. La población se ha vuelto más pluralista. La inmigración récord ha traído diversidad racial y étnica sin precedente. Los hispanos ya superaron a los Afroamericanos como la minoría más grande en los Estados Unidos. Los derechos "Gay" y matrimonios entre personas del mismo sexo han ganado considerable terreno con el público en general. Las mujeres han alcanzado una posición más alta en el mundo laboral. El elemento básico tradicional de la familia ha sido comprometido por frecuentes divorcios y lo no convencional—parejas "gay", padrastros, parientes solteros, y relaciones familiares confusas. Dinero electrónico, entretenimiento a pulso de botón, y juegos al azar legalizados han llegado a ser la norma social. Todo esto ha sido acompañado con grandes cargas de deuda, ansiedad exagerada, y píldoras sedantes para ayudar a las masas para hacer frente a su situación. El predominio del cristianismo en la cultura se ha desvanecido.

Mucho de la vida pública se ha hecho más grande, más ruidoso, y más escandaloso. En medio de todo, ha surgido un vacío que anhela llenura, y un individualismo que anhela comunidad real y verdadera.

Mientras la vida se mueve a paso acelerado, la gente vive más tiempo y se esfuerza por parecer más joven. Los teléfonos celulares permiten una comunicación constante desde y a cualquier parte del mundo, y nuestras unidades de GPS (Sistema de Posición Global) han comenzado a seguirnos de cerca—de dónde venimos y a donde vamos—de inmediato, pero no a largo plazo. En efecto, ahora siempre estamos localizados, pero más frecuentemente nos sentimos perdidos. Somos más obesos en medio de un énfasis cada vez más grande de ejercicio y dieta. Somos cada vez más tolerantes, y sin embargo, tan tribalizados que las guerras continúan devastando la tierra. Muchas cosas son nuevas; sin embargo, tristemente las cosas más básicas quedan lo mismo.

La gente en las iglesias ha sido muy afectada en medio de todo este cambio. Han sido confundidas en cuanto a lo que la Biblia quiere decir por "santidad"—o han decidido que es imposible recibirla y vivirla. Aun se preguntan, ¿es necesaria la santidad para la gente viviendo en tiempos muy diferentes a los de los antiguos? La pasión por la santidad del ayer ha llegado a ser la vergüenza de hoy, o al menos, ha caído en una mal entendida confusión. De esta manera, en numerosos lugares, este tema se ha dejado de mencionar.

Otras cosas más han estado oponiéndose a la predicación de la santidad que se oía comúnmente en los grandes avivamientos de santidad del siglo diecinueve. El pecado en esos tiempos se había pintado como una sustancia fea metida en el alma que podría ser "erradicada" entera e instantáneamente por un acto de consagración y purificación radical. Preguntas psicológicas, de definiciones y de sucesión de acontecimientos se han levantado acerca de la exactitud de las suposiciones que respaldaban tales aserciones y lenguaje. Además, muchos creyentes hicieron afirmaciones tan grandiosas de sus logros espirituales, y luego vivían vidas que contradecían tales afirmaciones. El público muy pronto juzgó que palabras ostentosas no respaldadas con una vida fiel son peores que no decir nada.

Juan Wesley, gran defensor de la santidad cristiana, habló agudamente en contra de depender de palabras religiosas y acciones tradicionalmente eclesiásticas para sustentar la credibilidad religiosa. En efecto, en su sermón "La Naturaleza del Entusiasmo" él sugiere que una persona que vive sólo en la superficie de la fe apenas puede llamarse cristiana. ¿Por qué? "Porque los cristianos son santos, éstos son impíos; los cristianos aman a Dios, éstos aman el mundo. Los cristianos son humildes, éstos son orgullosos; los cristianos son bondadosos, éstos son apasionados; los cristianos tienen el sentir que hubo en Cristo, éstos están a distancia extrema de él. Consecuentemente, ellos no son más cristianos que los arcángeles."

Los cristianos pueden depender de su involucramiento en la iglesia y sus opiniones cristianas correctas como la base de sus creencias e identidad cristianas. Sin embargo, tal como Wesley aclarara en su sermón "Entusiasmo", la identidad cristiana no es tal como debe ser hasta que haya evidencia clara de que la persona haya "gustado el amor de Dios." Basándose en Gálatas 6:3, advirtió a los creyentes a no tener un concepto muy alto de sí, a pesar de sus logros o asociaciones. En verdad, él instaba a todos los creyentes a esforzarse hacia la "perfección," el supremo llamamiento de experimentar la presencia de Dios que cambia la vida.

Colores Desteñidos

Los tiempos han cambiado y así también el compromiso de muchos cristianos. El Movimiento de Santidad del siglo diecinueve, tan maravilloso en muchas maneras, poco a poco se institucionalizó de manera que o se radicalizó aislándose del "mundo", o se comprometió con el mundo. Hubo desarrollos teológicos negativos que causaron que el resplandor de generaciones anteriores del pueblo de santidad se apagara. Mientras el siglo veinte progresaba, la esperanza optimista de la "entera santificación" se hacía cada vez menos creíble a la luz de la naturaleza de pecado aparentemente insoluble. Para los años 1950, "las promesas extravagantes de la gracia de la entera santificación comenzaba a templarse"[1] Los teólogos trataron de redefinir el "pecado"

---

1 Mark Quanstrom, *A Century of Holiness Theology (*Un Siglo de Teología de Santidad*)* (Beacon Hill Press de Kansas City, 2004), 11.

que supuestamente podría ser "erradicado," achicando su definición y ampliando la lista de "debilidades" que son consecuencias inevitables de la humanidad caída.

Es importante reconocer que conceptos y palabras usados para asuntos teológicos pueden caer en lo anticuado y engañoso. "La santidad" es una terminología no común hoy día, una que tiende a accionar imágenes desagradables de hipócritas afirmando una posición religiosa más alta de lo que en verdad se haya experimentado. Tienen lo que suena como testimonios arrogantes y huecos que se relacionan únicamente con algún otro mundo. Cuando hablan su lenguaje elevado, la gente en su presencia se siente menospreciada. No es de extrañarse que promotores sensibles de la santidad, deseando atraer a los creyentes al gran ideal de la santidad, comenzaran a distanciarse del lenguaje tradicional de sus tan apreciadas tradiciones de la santidad.

El lenguaje de la santidad ciertamente se ha convertido en un problema. Frases clásicas como "Perfección Cristiana," "Entera Santificación," y "La Segunda Bendición" raramente se usan ni por el predicador ni por el laico. Jesús no usó este lenguaje exacto. Era común hace algunas generaciones, pero raras veces se oye hoy aún en las iglesias de "santidad"—y eso a pesar de que se creía anteriormente que tal lenguaje procuraba describir una doctrina distintiva que es sanamente bíblica en su origen. Ahora se teme que, a lo menos en norteamérica, denominaciones con trayectoria en la tradición de santidad se hayan hecho virtualmente indistinguibles de la corriente principal de los "Evangélicos" de enseñanza doctrinal y de vida cristiana. El lenguaje es de importancia secundaria, por supuesto; lo crucial es localizar y de alguna manera señalar la realidad espiritual.

Aun más que esto ha estado ocurriendo a nivel de la persona común en las bancas. La gente—especialmente los jóvenes—se han aburrido de los resultados negativos de la enseñanza y la práctica de la santidad que para ellos parecían extraviadas y desteñidas por los énfasis extremos y la vivencia errática. Muchos, dentro de las generaciones de los Baby Boomers, han reaccionado en contra de las inconsistencias y "raras" expectativas. Han rechazado "convicciones" personales que la gente inflexible mantiene como la norma del bien y el mal para todos.

Demasiada promoción engañosa (hype) acerca de la santidad ha conducido a demasiada hipocresía, o al menos, así parecía muchas veces. En nuestros días hay menos paciencia con afirmaciones de perfección espiritual instantánea, actitudes de arrogancia religiosa, y listas de prohibiciones de vida atadas mayormente a ciertos trasfondos culturales, o aún a preferencias personales atribuidas a la voz de Dios.

Yo (Barry) me enamoré y me casé con una joven de una congregación de santidad muy conservadora. En mi iglesia no se permitía a ninguna mujer cantar en el coro si había cualquier seña visible de maquillaje en su rostro—pensaban que era pintura de vanidad inapropiada en la mejilla y los labios. Yo era un joven estudiante ministerial con alguna experiencia de liderazgo, pero luego fui informado que yo no debía siquiera poner mis pies en el área del altar de la iglesia de mi nueva esposa. ¿Por qué? ¿Había cometido algo inmoral? No. Yo estaba confrontado con un principio espiritual que se había pervertido, una aplicación incorrecta de un principio de santidad que resistía a la práctica misma de la santidad.

El problema era que ahora yo llevaba una sortija de boda, un anillo sencillo que costaba menos de veinte dólares. Declararon que el exhibir ese anillo era evidencia de algo más que mi matrimonio. Demostraba que yo estaba dispuesto a malgastar mi sustancia en "oro, perlas, y vestidos costosos." Anteriormente mis padres me prohibían visitar el juego de boliche local, pues era una diversión "mundana." ¿Qué podría haber de malo en rodar una pelota pesada por un carril de madera pulida? Nada, sino que los "pecadores" locales se congregaban allí, y el estar con ellos daría la "apariencia de mal." Los cristianos, se decía, deben ser santos en parte por asociarse únicamente con aquellos reconocidos por ser "santos"—aunque Jesús hacía lo contrario y pagó un precio muy alto por demostrar gran cuidado por gente como prostitutas y recaudadores de impuestos.

Perversiones de precepto y práctica de la santidad crecieron en número con el tiempo. A veces sutilmente, han chupado la sangre del cuerpo, dejando un cuerpo muerto sin el color de la vida santa del Divino. Algunos de los resultados tristes se notan en el "Manifiesto de Santidad" de 2006. Este documento fundamental fue producido por el Wesleyan Holiness Consortium (Consorcio Wesleyano de la Santidad), una reunión grande de cristianos de muchas denominaciones que estaban convencidos que un avivamiento de la enseñanza y práctica de la santidad es la dinámica necesaria para una renovación de las iglesias de hoy.

Comprensiblemente este manifiesto fundamental censura nuestras "líneas mezquinas de de-marcación," la tendencia a la "institucionalización," el dolor de las "luchas internas" entre los seguidores de Jesús. Lo que se necesita ahora, sugiere, es un resurgimiento de la santidad *bíblica,* el tipo de santidad lleno del "poder unificador de Dios que transforma," el tipo que ha de estar presente en todos los cristianos en todos tiempos y lugares. La santidad, cuando es definida bíblicamente y como la semejanza a Cristo por naturaleza, unificará y no dividirá. Escribimos este libro con la esperanza de encaminarnos de nuevo al arcoíris resplandeciente, claro y repleto de las promesas de la santidad de Dios. Después de las tormentas que han causado a muchos desplomarse y caer, esperamos estimular a un nuevo compromiso de vivir la santidad de verdad.

En el escenario religioso de hoy, hay algunas buenas nuevas. A pesar de los problemas, arreglos morales, confusiones y frustraciones que experimentaron muchas personas de santidad de generaciones pasadas (o al menos con quienes habrán sido asociados), los cristianos de hoy se están expresando cada vez más. Están listos para algo mejor que lo que ya tienen, algo auténtico, algo que cambia la vida y que ensancha la iglesia. Anhelan tener experiencias de fe y asociarse con congregaciones con una diferencia espiritual real. Quieren ser y hacer lo que beneficiará y atraerá a Cristo al mundo que los rodea. Están aburridos de alejar a la gente lanzando actitudes críticas, condenatorias, e hipócritas a los que están fuera de la iglesia. ¿Han renunciado ellos a la santidad? No, están listos para la verdadera santidad. Quieren contemplar el fulgor del arcoíris de Dios, abrazarlo y vivirlo.

Cualquiera sea el lenguaje de "santidad" usado u omitido, cualesquiera las instituciones religiosas con que se afilien o abandonen, la gente honesta y herida quieren ser realmente nuevas personas "en Cristo," gente que, de esa manera, puedan impactar al mundo para el bien. Mucha gente frustrada en las iglesias quiere estar vinculada con otros creyentes que realmente se interesan en otros, aman profundamente, y están dispuestos a servir sin egoísmo. Quieren ser creyentes que claramente son diferentes porque andan con un santo Dios Quien está coloreándolos con gracia sanadora, y enviándoles como mensajeros de las verdaderas buenas nuevas.

Posiblemente, como observó un líder eclesiástico recientemente, la cultura Occidental "está casi en un punto en que la fe cristiana puede ser introducida con éxito. Posiblemente el fracaso del presente orden conducirá a un nuevo comienzo del cristianismo revolucionario (orientado hacia la santidad).[2] ¿Santidad? ¡Por supuesto? Es enteramente bíblica aunque a veces haya sido practicada de una manera no tan buena, perjudicando la belleza del testimonio proyectado del Espíritu. No podemos, por causa de esa vivencia imperfecta, descartar este tema importante con sus posibilidades reales para la vida espiritual sana, para iglesias crecientes y para la relevancia social.

La santidad tiene que ver con creyentes en Jesucristo serios quienes están formando comunidades de fe que reflejan el Espíritu de Cristo y activamente están ocupados en la agenda del Espíritu en el mundo. Dios quiere un pueblo "que se atreve a ser de Él, confiar en Él, amarle, y arriesgarse por Él—en breve, que será como Dios en carácter, y con Dios en sus obras de redención en este mundo."[3] Para ser tal pueblo se requerirá de una honestidad profunda, tanto como de mucha humildad en cuanto a nuestro concepto de la Palaba de Dios, nuestras predisposiciones teológicas, y nuestras preferencias personales.

---

2   Howard Snyder, *The Radical Wesley and Patterns of Church Renewal (*El Wesley Radical y Patrones de Renovación de la Iglesia) *(*Intervarsity Press, 1980), Prefacio.

3   Barry L. Callen, *"The Context: Past and Present,"* ("El Contexto: El Pasado y el Presente") en el *Holiness Manifest* (Manifiesto de Santidad) Kevin Mannoia and Don Thorsen, eds. (Eerdmans, 2008), 15

Una buena manera de reconocer tal honestidad y humildad es recordar lo que Juan Wesley llamó las "marcas" o "carácter" de un Metodista. Él no hablaba de denominaciones. Lo que él quería para los Metodistas es lo que debe marcar a cada cristiano de cualquier afiliación. Él enfatizaba el ser "cristianos reales,"[4] creyentes sinceros cuya identidad e integridad no se encuentran en opiniones particulares o nombres; tampoco enfatizada en alguna parte del evangelio a expensas de otras. Debe haber un equilibrio bíblico, igual que diversidad cultural y de personalidad entre creyentes, diferencias que a veces no están apreciadas en la vida religiosa porque son clasificadas como "pecado" cuando los líderes locales no están de acuerdo, resistiendo así cualesquiera diferencias.

Tensión Entre Verdadero y Falso

Diferencias siempre habrá, pero algunas cosas siempre deben ser las mismas y deben ser vistas en todos los cristianos. Juan Wesley creyó que el cristianismo auténtico tiene algunas características que los distinguen de los demás. Si no están presentes, no importa el testimonio que afirme el creyente, la santidad no está presente, o a lo menos se ha descolorado. La vida espiritual sin estas características no es madura, sana, fragante y hermosa. Él estaba seguro que una verdadera vida santa será notable y deseable. Los resultados en nuestras vidas son las "marcas" intentadas por Dios, el fruto de la fidelidad. Si las marcas aparecen diferentes de lo que deben, la santidad se ha comprometido y su testimonio se ha debilitado.

Lo que sigue son las características o marcas que se ha de buscar al proseguir por el camino cristiano de la santidad auténtica. Son directrices para resistir a las distorsiones oscuras.

---

4   Juan Wesley procuró ser un "cristiano real" en su propia vida. Ver su biografía, autor Kenneth J. Collins titulada *A Real Christian: The Life of John Wesley* (Un Cristiano Real: La Vida de Juan Wesley) (Abingdon Press, 1999)

Hemos de Vivir por el Poder de Cristo

Estereotipos negativos se han adherido a la gente de santidad, y han penetrado a los pentecostales (muchos de los cuales son también de santidad): "Seguí el 'método' y recibirás el resultado asegurado, santificación instantánea o algún don espiritual deseado; Haz cierto entrenamiento de la boca y la voz y recibirás el don de lenguas; Sólo tienes que venir y se hará lo que deseas." Pero la santidad no es primariamente el resultado de nuestro esfuerzo, nuestra disciplina y fidelidad, una fórmula determinada, o nuestros dones espirituales deseados. No importa cuanta altura espiritual se haya logrado, el orgullo y la arrogancia sobre "nuestros" logros siempre son inapropiados. La humildad es la marca constante de la santidad. Sabemos que "toda buena dádiva y todo don perfecto descienden de lo alto" (Santiago 1:17).

El Apóstol Pablo vincula la renovación del corazón directamente con la resurrección de Jesús. La pasión de su corazón fue, "Lo he perdido todo a fin de conocer a Cristo, y experimentar el poder que se manifestó en Su resurrección" (Filipenses 3:10). Una resurrección es algo que ningún ser humano puede hacer que acontezca. Depende totalmente del poder de Dios. Cuando Lázaro fue levantado de la muerte, la gente venía de todas partes para verlo—no por lo que él había hecho, sino por lo que Jesús había hecho. No había nada de qué gloriarse en este hombre, excepto que él vivía nuevamente por el poder de Cristo. Esto fue la dádiva de Cristo para él y él era el testimonio en carne viva de la "vida abundante."

Cualquier supuesta santidad teñida con auto-importancia simplemente no es la clase de santidad de marca cristiana. James Bishop, un pionero misionero a la India con World Gospel Mission, abrió el Instituto Bíblico de India del Sur en el año 1937 con el lema "SALVADO PARA SERVIR." Los estudiantes eran demasiado pobres como para emplear sirvientes para el Instituto, así que, para costear sus estudios ellos mismos hacían todo el aseo, las compras, el mercadeo, y los trabajos domésticos. Hacer trabajo doméstico (limpiar las letrinas y las cloacas, y tratar con toda clase de basura) era para los "intocables". Un estudiante de la casta alta, recién convertido a Cristo, consistentemente evadía el trabajo cuando le tocaba su turno de "barrer". Sin una palabra de reprensión, el Rev. Bishop, aunque era el "padre" de la casa, único maestro, y director del Instituto, tomaba su turno en ese trabajo tan repulsivo. La humildad y amor personificados quebrantó el corazón del joven. A partir de este incidente, el Salvador quien lavó los pies de Sus discípulos, llegó a ser conocido con mayor intimidad por este nuevo convertido que ahora se dispuso doblegarse al trabajo de un paria (sin casta).

Dios no hace acepción de personas. La gente más humilde y verdaderamente santa son los que han sido tocados por el color glorioso del carácter amoroso de Dios. No se exaltan con una exhibición pública de sus dones, sabiendo bien cuál es la fuente divina de ellos y su propósito de servicio. No se segregan con su clase, raza, tribu ni sus bienes, sino que se mezclan alegremente con "el más pequeño de ellos." Más que cualquier otro, saben que todo proviene de Dios, y así andan humildemente ante el Señor su Dios, demostrando la verdadera hermosura de la santidad.

> La gente más humilde y verdaderamente santa son los que han sido tocados por el color glorioso del carácter amoroso de Dios.

Nuestro Compromiso con Cristo tiene que ser Completo

El pueblo de la santidad a menudo ha vivido marginado de la corriente principal de la sociedad, y por eso ha sido menospreciado por la institucionalidad—secular y religiosa. Aunque la pobreza y la impotencia son "cualidades" poco deseables, el revés ciertamente puede ser una amenaza a la verdadera santidad. Fíjate en la cita de Wesley al principio de este capítulo. También, él advirtió una vez: "Cuando la riqueza ha aumentado en la historia de la iglesia, el sentir de Cristo ha menguado en la misma medida."[5]

Si la santidad es algo, es el "todo en todo" para Cristo. Uno que es completo en Cristo no ha de ser de doble ánimo, no ha de estar

---

5   Obras, 13:260

revoloteándose como un pájaro pasando de una rama a otra. El llamado claro es, "escoge hoy a quién servir" (Josué 24:15). Jesús insistía que nadie puede servir a dos amos (Lucas 16:13). Uno que es santo tiene el amor de Dios derramado en su corazón por el Espíritu Santo. El hombre santo ama al Señor con todo el corazón. Un creyente maduro no puede ser de doble ánimo.

La santidad es un llamado al cien por ciento. Josué afirma esta verdad para su pueblo al decir, "Solamente que con diligencia cuidéis de cumplir el mandamiento y la ley que Moisés siervo de Jehová os ordenó: que améis a Jehová vuestro Dios, y andéis en todos sus caminos; que guardéis sus mandamientos, y le sigáis a Él, y le sirváis de todo vuestro corazón y de toda vuestra alma" (Josué 22:5). Él insistía que el pueblo de Dios debía ser dócil "a Jehová vuestro Dios seguiréis…. Guardad, pues, con diligencia vuestras almas, para que améis a Jehová vuestro Dios" (Josué 23:8, 11), "esforzándose, pues, mucho en guardar y hacer todo lo que está escrito en el libro de la ley de Moisés, sin apartarse de ello ni a diestra ni a siniestra" (Josué 23:6).

Es difícil decir cuánto de la consejería pre-matrimonial es asimilada por las parejas jóvenes. La mayoría tiene sus pensamientos en sus sueños más que en lo que el consejero les dice. Pero, si no hubiera nada más, hay una cosa que todo consejero debe hacerles ver. El matrimonio tiene que ver con el "cien por ciento", especialmente en tres áreas vitales—amor, fidelidad, y pureza. Que algunos hayan bajado las normas no cambia la verdad. ¿Alguno de nosotros se atrevería a decir a la novia, "yo quiero que sepas que te amo noventa por ciento"? Tal cosa no funciona. Lo mismo en nuestro compromiso con Cristo. Es todo, o nada.

Yo (Hubert) vi a mi madre, una misionera en su primer término del ministerio en Bolivia, tomar una muy grande decisión. La Junta pidió a mis padres mudarse a una estación remota en la jungla. Con mi padre fuera de la casa por causa de la predicación, mi madre emprendió esta mudanza sola con cuatro hijos y un guía. Fue una jornada horrenda y la casita que debíamos ocupar no estaba terminada y estaba llena de mosquitos. Días después, los muebles y utensilios de la familia llegaron, desgastados por haber sido arrastrados por los pantanos en carretas de bueyes. Mi madre decidió que no podría quedarse en este lugar abandonado por Dios—, hasta que vio en una de las cajas una placa con las palabras, "Sólo una vida, luego pasará; sólo lo que se hace por Cristo permanecerá." Ella se arrodilló y renovó su compromiso orando "aunque muera yo aquí, te amaré y te serviré." ¿No es que Dios en Cristo había dado todo por nosotros? El ser santo es el dar nuestro todo a cambio.

Nuestras Actitudes y Acciones Tienen que Conformarse a Cristo

A veces la gente de santidad se aísla de lo profano e impío, pensando que la separación protege la santidad de contaminación. Pero Juan Wesley insistía en la perspectiva más bíblica—no hay una santidad que no sea santidad *social*. E. Stanley Jones estaba de acuerdo: "Un evangelio individual sin un evangelio social es un alma sin un cuerpo. Un evangelio social sin un evangelio individual es un cuerpo sin un alma. Uno es un fantasma, el otro es un cuerpo muerto."[6] Nuestro andar cerca de Jesús debe (tiene que) formar nuestros pensamientos, acciones y relaciones. El compromiso total produce una significante conformidad con la mente de Cristo.

El perdón es algo que recibimos por la gracia. La santidad es algo que vivimos por la gracia de Dios *y* nuestro compromiso. El propósito de Dios para cada creyente no es sólo quitar la culpa de pecados cometidos, sino cambiar nuestra naturaleza misma, otorgando el poder para vivir vidas cristianas victoriosas, amando a Dios con todo nuestro corazón y a nuestros prójimos como a nosotros mismos. Aquí es donde la vida cristiana se vive en color de alta definición. Muy a menudo los cristianos se han conformado con la cultura de "el perdonado" (en donde sólo el perdón es importante) en vez de proceder al llamado del color completo del arco-iris de la santidad en sus dimensiones tanto privada como social.

---

6   E. Stanley Jones, *A Song of Ascents: A Spritual Autobiography* (Un Canto de Ascensos: Una Autobiografía Espiritual) Abingdon Press, 1968, 151

La vida espiritual se atrofia cuando uno no sale del closet de la oración o baja de la montaña con el Jesús transfigurado para ir al valle donde la masa de la humanidad batalla con la vida y la fe, el hambre y la sed. La belleza de Cristo tiene que llevarse a donde está la gente. Lo que el mundo hace es eludir el dolor y la confusión. El mandato cristiano es: "No se amolden al mundo actual, sino sean transformados mediante la renovación de su mente. Así podrán comprobar cuál es la voluntad de Dios, buena, agradable y perfecta" (Romanos 12:2—NVI). Según Dios quien nos envió a Jesús, el camino santo es el amar al mundo sacrificialmente sin importar las consecuencias personales.

Es aquí donde tantos fracasan. Es mucho más fácil afirmar haber recibido el perdón que la santidad. El perdón es algo que recibimos. La santidad es algo que vivimos, siempre con Dios y los demás en mente. Ambos van de la mano, y el que no se sujeta de las dos manos no conoce la plenitud de la gracia de Dios—gracia que quiere quitar la culpa por pecados cometidos y gracia para cambiar nuestra misma naturaleza, otorgándonos el poder para vivir vidas cristianas victoriosas, para amar a Dios con todo el corazón y al prójimo como a nosotros mismos.

> ¿No es que Dios en Cristo ha dado todo por nosotros? El ser santo es el dar nuestro todo a cambio.

Esto es lo que Jesús dijo de los "falsos profetas:" "Por sus frutos los conocerán. ¿Acaso se recogen uvas de los espinos, o higos de los cardos? Del mismo modo, todo árbol bueno da fruto bueno, pero el árbol malo da fruto malo. Un árbol bueno no puede dar fruto malo, y un árbol malo no puede dar fruto bueno. Todo árbol que no da buen fruto se corta y se arroja al fuego. Así que por sus frutos los conocerán" (Mateo 7:16-20). Hay un acto de infidelidad en cualquiera que afirma estar "viviendo por el Espíritu" pero que no "anda por el Espíritu" (Gálatas 5:25).

Las malas acciones, especialmente hacia otros, generalmente siguen las malas actitudes. Si guardamos sentimientos de amargura u odio contra alguien, nuestras acciones para con ellos usualmente serán malas. Pablo amonestó a la iglesia: "La actitud de ustedes debe ser como la de Cristo Jesús" (Filipenses 2:5—NVI), y esa actitud le llevó a la cruz por nuestras almas. "Y al manifestarse como hombre, se humilló a sí mismo y se hizo obediente hasta la muerte" (Filipenses 2:8—NVI). Es en este contexto que Pablo dice, "Háganlo todo sin quejas ni contiendas, para que sean intachables y puros, hijos de Dios sin culpa en medio de una generación torcida y depravada. En ella ustedes brillan como estrellas en el firmamento..." (Filipenses 2:14, 15—NVI).

Nuestra necesidad de una transformación santa a la semejanza de Jesucristo no ha de ser diluida en algo menos exigente, menos amenazante, y más manejable. Tiene que haber crecimiento, responsabilidad, integridad, autenticidad, moralidad, y servicio. Todos estos son cruciales y ciertamente ayudan para medir la presencia y la salud de la santidad. Solamente Dios crea en nosotros los corazones nuevos y nos da un verdadero camino nuevo, el camino de la santidad.

El Cruce de Colores Causa División

Una de las más grandes contradicciones en el mundo de la santidad cristiana es la ironía que ¡lo que debería unificar más bien ha dividido! La cosa más deplorable dentro de la vida de la iglesia son las diferencias de color que están en competencia entre sí. Es la división de "nosotros—ustedes", denominacionalismo, racismo, y cualquier "ismo" que forzosamente separa lo que la santidad debe de unificar.

La verdadera santidad es el camino al arrepentimiento y la reconciliación—no a la condenación de otros y división humana. En el Espíritu de Cristo, ha de haber unidad más allá de lo que el mundo pueda comprender o imitar: "De hecho, aunque el cuerpo es uno solo, tiene muchos miembros, y todos los miembros, no obstante ser muchos, forman un solo cuerpo. Así sucede con Cristo. Todos fuimos bautizados por un solo Espíritu para constituir un solo cuerpo—ya seamos judíos o gentiles, esclavos o libres—, y a todos se nos dio a beber de un mismo Espíritu" (I Corintios 12:12, 13).

Más de lo que queremos admitir, sea nuestra piel negra, amarilla, roja, morena, o blanca, hemos sido afectados con un prejuicio por nuestra cultura, llevando los gérmenes de ideas y divisiones falsas de generación a generación. Cuando tales cosas invaden la iglesia, dañamos la causa de Cristo. El mismo Jesús llegó a ser el blanco de varios prejuicios culturales y teológicos de su época, haciendo de Él una piedra de tropiezo para la fe en Su persona y misión (Romanos 9:32, 33).

Hay varias piedras de tropiezo con que la mayoría de nosotros tiene que tratar en nuestro camino hacia el verdadero cristianismo. Es importante que las identifiquemos para poder tratar el asunto que está en frente a nosotros: la tragedia de nuestras "divisiones de color." Una ilustración clásica en el Nuevo Testamento es la vida extraordinaria de Pedro.

Jesús como Mesías de los Judíos

Jesús no encajaba con la enseñanza tradicional de los judíos. Por más que Él contradecía esa enseñanza más judíos tropezaban en ella, descubriendo que la fe les era imposible. Cuando Pedro confesó con los demás discípulos que Jesús era el Cristo (Marcos 8:29), esto fue enorme. Los discípulos tuvieron que vencer muchos obstáculos para llegar a este punto. Pero aun así ellos sólo tenían una idea limitada de Quién era en realidad. Pronto su fe sería probada con hechos perturbadores. Este Cristo iba a sufrir y morir (Marcos 8:31b). Jesús no cuadraba con su idea de lo que un Mesías debería ser: entonces lo abandonaron.

Posiblemente más de lo que nos damos cuenta y que deseamos admitir, los cristianos también llevamos algunas "distorsiones oscuras" acerca de este Jesús. Muchos que se criaron en la iglesia ya no andan con Cristo porque se encontraron con unas piedras de tropiezo del tamaño de Jesús. ¿Adónde vamos cuando nuestro "Mesías" no va a donde queremos que vaya? Hay algunas ideas muy distorsionadas en el mundo cristiano hoy día de lo que pensamos que el Mesías ha de hacer por nosotros. ¿Nos hará ricos o íntegros? ¿Sanos de cuerpo o santos del alma? Somos acondicionados culturalmente y egoístas, pero todavía no estamos coloreados con la verdadera santidad.

Jesús y la Cruz

Pocos judíos hubieran identificado al Mesías con la muerte—especialmente la muerte sobre una cruz. Él debía ser un Héroe Conquistador. Pero Jesús conectaba estas ideas abiertamente (Marcos 8:32a). La reacción reprensora de Pedro fue: "(Pedro) le llevó aparte y comenzó a reprenderlo" (Marcos 8:32). Cuando Jesús rehusó retractarse de este modo de pensar sobre la cruz, las dudas comenzaron a tomar raíz en la mente de Pedro. Su eventual negación de Jesús fue totalmente honesta al decir, "yo no conozco al hombre" (Mateo 26:74).

Sería fácil lanzar piedras contra estos discípulos y sus "distorsiones obscuras." Pero muchos de nosotros hacemos lo mismo. ¿Cuántos de nosotros hemos dejado de ver o aceptar el mismo propósito básico de Dios en Cristo, resistiendo esa misma cruz sobre la que Pedro tropezó? ¿Propósito de Dios? "Por eso también Jesús, para santificar al pueblo mediante su propia sangre, sufrió fuera de la puerta de la ciudad" (Hebreos 13:12). ¿Cuántos corazones sinceros, al perseguir esta santidad, son reprendidos por aquellos 'Pedros' que piensan que lo saben todo?

Nuestra Ceguera Humana

Pedro era tan propenso a pensar en cosas de la carne. Recordarás que Jesús, al encontrarse con Pedro, llamado Simón, le prometió que él sería llamado "Pedro" (Juan 1:42)—una pieza de una roca—algo fuerte, sólido, y fundamental, alguien sobre quien se edificaría la iglesia. Triste-mente, así como muchos de nosotros, en el principio Pedro resultó todo lo contrario. Requeriría una obra asombrosa de Dios para transformar a este hombre en alguien útil para el reino de Dios, alguien no tan ensimismado, alguien que reflejara el corazón mismo de Dios.

Años más tarde, Pedro, un hombre que ahora había abrazado los sufrimientos de Cristo en su propia vida, escribiría sobre esta transformación a una iglesia sufrida. En la introducción a su segunda carta él presenta unas palabras poderosas y reveladoras que revelan quién es él ahora en verdad: "Simón Pedro, siervo y apóstol de Jesucristo..." (II Pedro 1:1). Ya no era un hombre dado a la carne, sino un hombre dado a Cristo. Su jornada de transformación espiritual había sido larga y difícil. Tenía que superar una personalidad errática y una ceguera a la visión de Jesús para sí mismo y para la iglesia. Todos tenemos que transitar por este camino—más allá de nosotros a la visión de una vida e iglesia santas.

El Problema de la Cultura

Desde el día que nuevos muchachos y muchachas judíos entraron en el mundo del primer siglo, fueron indoctrinados con prejuicios—como lo somos todos. No era simplemente parte de su cultura religiosa—para guardarse puros—pero era parte de su cultura política. De acuerdo con el linaje de David, los judíos desdeñaban ser gobernados por alguien que no fuera un judío. Había divisiones "de color" que comprendían gran parte de su pensamiento. Era una cultura de orgullo y aislamiento, una santidad presumida que estorbó el avance del reino de Dios.

Jesús trascendió a todo esto y estaba resuelto a cambiar nuestras divisiones culturales (nuestra manera de pensar y de ver al mundo). Estamos aferrados a nuestra manera de pensar, divididos por tribu, lenguaje, política, y religión. Cada una de estas fuerzas divisivas tiene efectos poderosos sobre la manera que vemos y hacemos las cosas. Pero, con algunos corazones completamente sometidos a Él, Jesús comenzó un proceso de sacar a la luz tales mentiras culturales. Nosotros, los modernos "liberados" del siglo veintiuno tendemos a pensar que ya no tenemos prejuicios. Estamos dispuestos a vivir cómodamente y dejar vivir. Pero, estamos equivocados.

Yo (Barry) estudié en un seminario muy "liberal". Me parecía que el único valor que no sería tolerado por esa facultad era que un estudiante no estuviera dispuesto a tolerar casi cualquiera cosa que algún cristiano quisiera creer o practicar. Yo luchaba con esta postura que estaba siendo clasificada como el cristianismo "iluminado". Aquí hay una tarea difícil—identificar y mantener firmemente lo que es fundamental en la fe sin enredarse en lo que es sólo una preocupación cultural pasajera.

Pedro batallaba aquí. Requirió una visión de Dios (Hechos 10) para convencerle que los gentiles no eran intocables. Y requeriría una represión de parte del Apóstol Pablo para tratar con la tendencia fuerte a volver a su cultura religiosa antigua—especialmente cuando los viejos amigos de Pedro estaban alrededor. Pablo hizo muy pública su represión, diciendo, "Pues bien, cuando Pedro fue a Antioquía, le eche en cara su comportamiento condenable. Antes que llegaran algunos de parte de Jacobo, Pedro solía comer con los gentiles. Pero cuando aquellos llegaron, comenzó a retraerse y a separarse de los gentiles por temor a los partidarios de la circuncisión. Entonces los demás judíos se unieron a Pedro en su hipocresía, y hasta el mismo Bernabé se dejó arrastrar por esa conducta hipócrita" (Gálatas 2:11-13—NVI). Los prejuicios humanos difícilmente mueren. Por lo general los aprendemos temprano y los llevamos durante nuestras vidas. Su obscuridad resiste la luz brillante de la santidad.

Laura enseñaba a niños de la primaria en la parte central de la ciudad de Chicago, y era muy amada por sus estudiantes de tercer grado. Era una de muy pocas maestras blancas en esta es-cuela compuesta mayormente por niños afro-americanos. Un día, dos de sus estudiantes estaban discutiendo entre sí sobre si ella era blanca o negra. Finalmente uno de ellos se volvió a Laura y le dijo, "Señorita Taubes, usted ser negra, ¿verdad?" A lo que Laura respondió, "No, soy blanca." El niño protestó enérgicamente—"No, ¡usted ser negra!"

Qué triste que tal prejuicio racial ya había sido sembrado en el pensamiento de este niño; pero qué maravilloso que este niño no distinguía "color" de raza cuando se trataba del amor. No es de extrañarse que Dios insista en el amor desde un corazón puro. Pablo lo sabía: "Debes hacerlo así para que el amor brote de un corazón limpio, de una buena conciencia, y de una fe sincera" (I Timoteo 1:5—NVI). El amor es el único antídoto contra la división de color, o cualquiera otra división perjudicial. Dios intenta cambiar nuestras actitudes y actuaciones culturales distorsionadas con la gracia reconciliadora que es la santidad.

¡Que el verdadero Jesús se ponga de pie! ¿Mostrarás lo mejor de ti, tu verdadero y santo ser mediante una sumisión completa a la mente de Cristo? O, ¿volverás atrás con Pedro a los caminos viejos de separación y discriminación? ¿Te pondrás al lado de Pablo con denuedo e identificar la hipocresía por dondequiera que aparezca—incluyendo tu propio ser interior? ¿Transitarás el camino conciliador de la santidad, aunque posiblemente el peligro esté al acecho más adelante? Tu oración de valor ha de ser—¡coloréame santo!

En la historia de los Estados Unidos de América, por no decir otra cosa peor, atravesar una división de color ha sido difícil. Ha sido la mezcla social presumiblemente no aceptable de gente de piel negra con la de piel blanca—en las escuelas, en matrimonios, en restaurantes, en autobuses, dondequiera. Este prejuicio se ha ahondado tanto que aún tiñe la forma cómo nos vemos los unos a los otros. Pero cuando el día más segregado de cada semana es el domingo, algo todavía anda mal. ¿Cómo es que los creyentes de piel blanca pueden sentir tan profundamente las necesidades de la "África Negra" y sin embargo vacilan en adorar o mantener comunión con Afro-americanos? Muchos de nuestros prejuicios aún cruzan los océanos con misioneros y equipos de trabajo cargando actitudes profundas pero sutiles de superioridad. Estos prejuicios tienen que ser confrontados y conquistados. Sólo cuando la luz de la gracia de Dios revele nuestras mentiras culturales la santidad comenzará a brillar, produciendo confesión y cambio.

En los años recientes mi (Barry) ministerio ha incluido la obra de Horizon International (Horizonte Internacional) a favor de los huérfanos del SIDA. Esto me ha llevado al África donde mi piel blanca me ha puesto en una categoría racial minoritaria. Una niña huérfana una vez estaba sentada en mi regazo en Zimbabwe tocando suavemente mi brazo desnudo. ¡Me dijeron que ella estaba probando para ver si el blanco de mi piel se quitaría frotándola! Milagrosamente, sólo por la gracia de Dios, lo blanco puede ser quitado frotando—¿o no debemos decir "lavando"?—para que ya no nos conozcan por el color de nuestra piel, sino por el color-amor de nuestro Dios, el resplandeciente arco-iris de la santidad. Pablo dijo, "...para que el amor brote de un corazón limpio, de una buena conciencia y de una fe sincera" (I Timoteo 1:5). Aquí tenemos el único antídoto contra las divisiones por los prejuicios. Dios propone cambiar nuestro comportamiento cultural distorsionado cambiando nuestros corazones.

> La comunidad cristiana ha de ser una cultura santa en que todos los miembros celebren verdaderamente su diversidad y su unidad en Cristo.

Tenemos que entrar en la cultura cristiana—en el sentido más puro—donde en Cristo ya no haya divisiones judío/gentil, esclavo/libre, o masculino/femenino. Esto requiere borrar las líneas artificiales de discriminación, haciendo que todos los colores sean hermosos—"rojo, amarillo, negro, y blanco—todos son preciosos a los ojos de Dios." La comunidad cristiana ha de ser una cultura santa en que todos los miembros celebren verdaderamente su diversidad y su unidad en Cristo. Este, entonces, es un nuevo pueblo, una nación santa, un reino-de—Dios pueblo.

La visión corporativa del movimiento Iglesia de Dios, mi denominación (Barry) se encuentra en la dirección web del nuevo Consorcio Santidad Wesleyano, HolinessAndUnity.org. Vidas transformadas, vidas santas, han de hacer posible una unidad entre cristianos que puedan trascender líneas raciales, tribales, y denominacionales, y así realzar la misión de la iglesia en el mundo. Como mis (Barry) buenos amigos James Earl Massey y Gilbert W. Stafford a veces han dicho, "Yo pertenezco a la iglesia entera, y la iglesia entera me pertenece a mí."[7] Juan Wesley trascendía las divisiones artificiales establecidas por nosotros los humanos al decir, "El mundo es mi parroquia." De igual forma, la iglesia es mi hogar—toda ella.

Al clausurar este capítulo sobre "Distorsiones Oscuras" no encuentro mejores palabras clásicas pronunciadas que las de Aquel que puede cambiar las tinieblas en luz. El Sr. Castor, en la famosa novela *The Chronicles of Narnia (Las Crónicas de Narnia)* por C. S. Lewis, dice, "Hay un poco más que esperanza: Aslan…está en acción." "¿Seguro?" dijo Sr. Castor; "¿No oyes lo que la Sra. Castor te dice? ¿Quién dijo algo sobre la seguridad? Por supuesto él (Aslan) no está seguro. Pero, él es bueno. Él es el Rey, te digo. No es como si fuera un león domesticado." Estas son palabras acerca del Dios fuerte que destroza las distorsiones oscuras que han plagado nuestros corazones desde la caída de Adán y Eva. La santidad, amor puro y reconciliador, es el color primario de Dios. ¡Coloréame santo, bendito Dios!

---

7   Ver el capítulo por John Smith y Gilbert Stafford, *"Holiness and Unity: Fulfilling the Prayer of Jesus" (*La Santidad y la Unidad: Cumpliendo con la Oración de Jesús*)* en Barry Callen y Don Thorsen, eds., *Heart and Life: Rediscovering Holy Living (*Corazón y Vida: Redescubriendo la Vida Santa*)* (Aldersgate Press, 2012.

CAPÍTULO 5

CALLEJONES SIN SALIDA

"No hay un solo justo, ni siquiera uno; no hay nadie que entienda, nadie que busque a Dios. Todos se han descarriado, a una se han corrompido" (Romanos 3:10-12, NVI). "No hay nadie que viva justamente, ni siquiera uno, nadie que conozca el percal, nadie alerta para con Dios. Todos se han desviado; han errado por callejones sin salida" (Versión El Mensaje).

En el capítulo anterior apuntamos una gama de maneras en que algunos promotores cristianos de la santidad han errado. Nos quedamos muy pensativos ante Romanos 3. Siempre hay una advertencia que aún aquellos que han comenzado a caminar por el camino de la santidad puedan desviarse, escoger callejones sin salida, y terminar dormidos en cuanto al camino propuesto por Dios. La religión, aun la que enfoca la santidad, fácilmente puede llegar a ser una forma artificial carente del poder transformador tan necesitado.

El mejor de nosotros no tiene nada de que jactarse. Henry Clay Morrison era presidente de Asbury College y luego, fundador y presidente del Seminario Teológico Asbury (1923-1942). Un gran campeón de la santidad cristiana, era apropiadamente humilde en cuanto a sus propios "logros". Él dijo esto al celebrar su cumpleaños ochenta y cuarto: "Mirando hacia atrás, hay mucho por qué dar gracias, mucho que lamentar, y nada de qué jactarse. Pienso con gratitud en las innumerables misericordias de Dios. Su paciencia con este indigno siervo me hace proceder cantando, *"Nada en mi mano Te traigo, sólo a Tu cruz me aferro."*[1] Allí estaba un líder prominente de santidad con una actitud apropiada de la santidad.

Fariseos en Recuperación

Cada tradición de la espiritualidad cristiana, incluyendo la de santidad, está sujeta a desperdicio. A menudo la ruina es producida por algunos fanáticos dentro de la tradición que llevan al extremo algún aspecto de su perspectiva, distorsionando así la verdad básica. En la tradición de santidad, la ruina resulta de esta mala suposición: si Dios así quiere, acontecerá sin falta. En efecto, Dios en verdad sí quiere nuestra santidad, pero *no sin nuestra cooperación.*

Recuerdo (Barry) con cariño algunas ocasiones cuando, siendo un adolescente, pasaba el día con mi padre. Algunas veces, mientras pescábamos, tendíamos las cuerdas de ambos lados de una barquita, siendo empujados lentamente sobre la superficie del lago por un pequeño motor (permitiendo a los mosquitos quedarse con nosotros.) Otras veces los dos caminábamos en formación por un campo cubierto de nieve, o por una hondonada siguiendo las huellas de un conejo, esperando sacar a uno de estos animalitos peludos. Para el tiempo cuando fui a la universidad, estos tiempos con mi padre se hicieron cada vez más raros (y él murió algo joven.) Pero, cuando ocurrieron,

---

1 Percival Wesche, *Henry Clay Morrison: "Crusader Saint"* ("Cruzado Santo") *(Henry Clay Morrison:* (reimpresión, Wilmore, KY: First Fruits Press, 2013), 174

yo sólo le acompañaba en la cacería porque necesitaba el ejercicio y el compañerismo con él. Ya no llevaba un rifle; llevaba una cámara para conseguir una clase diferente de "balas" (shots) de criaturas vivas (fotografías). Yo necesitaba alimento para el alma más que carne extra para la mesa. De una manera similar, para ser verdaderamente santo se requiere tiempo intencional con el Padre Dios. No hay nada automático.

Yo (Hubert) recuerdo bien el testimonio de un amigo que había vivido mucho de su vida cristiana vagando por callejones espirituales sin salida. La santidad se había distorsionado tanto en sus pensamientos y prácticas que había descolorado su espíritu y servicio. Entonces él tuvo un "momento de Pedro" cuando Dios descubrió sus distorsiones, revelándole un "camino más perfecto." Se sentía algo así como un alcohólico recuperándose, teniendo que remover capa tras capa de ley sin libertad, me confesó, en cuanto a su jornada, "Yo soy un fariseo recuperándome."

"Fariseo" es lo que viene a mi mente como una descripción de los que hacen altas profesiones de la santidad de corazón y vida pero les hace falta la hermosura (el Espíritu/color) de la santidad. No somos justos al marcar a todos los fariseos del tiempo de Jesús simplemente como hipócritas. Aparentemente muchos en verdad lo eran, pero había también aquellos que eran profundamente sinceros en su devoción a Dios. Como muchos fariseos, el Apóstol Pablo, aún antes de su conversión a Jesús, era comprometido radicalmente con Dios y con Su Palabra. Aunque había sido perseguidor de los seguidores de Jesús, Dios le concedió misericordia, porque lo hacía en ignorancia de incredulidad (I Timoteo 1:13). Él tenía un alto respeto por la Palabra de Dios y era, como dijo, *"en cuanto a la justicia que la ley exige, intachable"* (Filipenses 3:6—NVI).

Si juntáramos algunas de las cualidades y características de muchos fariseos, ellos estarían plenamente dentro de la corriente de "la santidad". Les daríamos la bienvenida a nuestra comunión porque tenían muchos valores que nosotros apreciamos altamente. Los fariseos eran defensores fuertes de la doctrina correcta, daban generosamente si no sacrificialmente, estudiaban las Escrituras de una manera disciplinada, y predicaban la pureza de vida. Definitivamente resistían al "humanismo" de su día (Helenismo).

Entonces, ¿por qué no queremos estar asociados con los fariseos? ¿Será porque Jesús chocó con ellos? Probablemente, pero ¿por qué tenía tantos problemas con ellos? ¿Por qué tenían problemas los fariseos con Jesús? Su problema más profundo era su negativa al arrepentimiento cuando sus callejones sin salida fueron revelados por Jesús. Eran reos de orgullo. Muchos fariseos se mantenían firmes como ciegos yendo a tientas por las paredes de su propia prisión, pero sin aceptar la puerta abierta. Jesús les llamó "guías ciegos que conducen a los ciegos" (Mateo 15:14). Su santidad estaba desviada. Era una santidad peligrosa porque lleva la apariencia de la santidad pero sin el corazón de la santidad. Se aferra a las leyes de la santidad como esos aparatos para refrescar el aire en un auto lleno de humo, produciendo un olor algo mejor que el humo, pero sin solucionar la causa del problema.

Un estudio cuidadoso de los fariseos y el trato de Jesús con ellos revela algunos de los callejones sin salida donde el pueblo de la santidad se ha extraviado. Tenemos que entender estos caminos oscuros que conducen a la nada.

Manteniendo una norma cuantitativa en vez de cualitativa

Los fariseos estaban más interesados en medir la espiritualidad por actuación externa que en ver y buscar la pureza interior. Las apariencias eran de suprema importancia. El problema con esto es que la actividad espiritual se convierte en cosa del ego y no del corazón. Dios ya no es el centro y la gente ya no ocupa el primer lugar, excepto para alimentar nuestro ego. Muchos ministerios, sean de la iglesia, misioneros, u otros, han sufrido en manos de gente que quiere impresionar en vez de atender a las necesidades de la gente por la causa de Cristo. Si se tiene una buena apariencia en "Facebook" o en un currículum, eso es lo único que importa. El poder compartir acerca de un "ministerio" en tierras lejanas, el tener una foto tomada con un huérfano, el escribir un artículo sobre nuestro "servicio sacrificial"—hasta allí llega la profundidad de algunos ministerios. Motivados por esta manía de ser vistos, los fariseos ejercían poco impacto sobre las necesidades del mundo.

No hay nada más esclavizador que la actividad espiritual que se torna en un asunto para tratar de garantizar la aceptación de Dios. Las personas que constantemente examinan su propia justicia y pureza para ver si la santidad está siendo percibida, conducen a una santidad falsa basada en la ejecución. Esta santidad se enfoca en regulaciones legales y responsabilidades religiosas detalladas consideradas necesarias para agradar a un Dios santo. Normas, convicciones, y actividad religiosa constituyen la última prueba de la santidad y la justicia. Se juzga a sí mismo y a otros severamente. Esta preocupación mecánica y externa ha sido llamada "especialización centrada en dermatología espiritual más que en cardiología espiritual."[2]

> Cuando la actividad espiritual se vuelve un asunto de tratar de garantizar aceptación con Dios, no hay nada más esclavizador.

Jesús reaccionó contra la obstinación y obsesión con la purificación externa de los fariseos en vez de la pureza interna. Él dijo, "¡Ay de ustedes, maestros de la ley y fariseos, hipócritas! Limpian lo exterior del vaso y del plato, pero por dentro están llenos de robo y de desenfreno. ¡Fariseo ciego! Limpia primero por dentro el vaso y el plato, y así quedará limpio también por fuera" (Mateo 23:25, 26). En la mente de Dios, no hay nada limpio hasta que primero el corazón esté limpio. No importa qué tan bien parecemos a nuestros ojos y a los ojos de otros, todas nuestras "buenas obras" no valen nada a los ojos de Dios si nuestros corazones y motivaciones son impuros.

Los fariseos estaban tan absortos estudiando los árboles (mirando las letras de la ley) que no podían distinguir el bosque. Jesús condenó esta manera miope de abordar el tema de la fe que mantiene alejada del reino de Dios a la gente: "¡Ay de ustedes, maestros de la ley y fariseos, hipócritas! Les cierran a los demás el reino de los cielos, y ni entran

---

2   Tom Hovestal, *Extreme Righteousness* (Justicia Extrema), (Authentic Media, 1997), 208

ustedes ni dejan entrar a los que intentan hacerlo." ¡Ay de ustedes, maestros de la ley y fariseos, hipócritas! Recorren tierra y mar para ganar un solo adepto, y cuando lo han logrado lo hacen dos veces más merecedor del infierno que ustedes" (Mateo 23:13-15—NVI).

Por su lealtad a lo externo en vez de lo interno, la santidad para algunos de los fariseos llegó a ser más un asunto de *causa* que de *carácter*. Se convertían en tiranos del púlpito con mucha pronunciación y denuncia, pero muy poca anunciación del Dios de amor y de Su gracia. La santidad se basaba en ejecución, un martillo para golpear a la gente en vez de un mensaje de esperanza para atraer y consolar a la gente. La santidad se hizo un *trabajo* y no un *gozo*.

No es de extrañarse que Jesús reaccionara en contra de los fariseos. Ellos eran tan diferentes de Su Padre en el cielo. El llamado de Jesús es a una obra interna de transformación personal que produce fruto externo. La calidad del corazón determinará la calidad del fruto –no al contrario. Al invertirse el proceso, fracasará completamente.

Empujado por el amor a la ley en vez de la ley del amor

Los fariseos emergieron en Israel respondiendo al desarrollo religioso, cultural, y político evolucionado desde el imperio griego, y posiblemente aún más temprano. Ya para el tiempo de Jesús ellos habían llegado a ser líderes religiosos en Israel. Tenían por aliados a un grupo de eruditos destacados quienes eran celosos por la Ley de Dios. Mientras el clero y la cultura religiosa del judaísmo se movían cada vez más hacia lo secular, un grupo de laicos piadosos se levantaron para restaurar la identidad de los judíos como pueblo de la Palabra de Dios. Estaban resueltos a regresar a lo fundamental de la tradición hebrea.

Viéndose como guardianes de la Ley, los fariseos tendían a ser superiores a la Ley, aunque de manera inadvertida. Su amor por la Ley se convirtió en una herramienta (a veces un arma) en sus manos para manejar a la gente y no para ayudarles. Fue en este punto en su historia que Jesús apareció en la escena. Él vio a los líderes religiosos quienes habían comenzado a actuar como maestros de la Ley, la misma Ley que debía de haberles dominado a ellos y determinado su carácter. El resultado fue que asumían un pervertido rol de "abogados"—buscando maneras para evadir algunos aspectos de la Ley, creando sus propias reglas, que ocasionalmente hacían mal uso de la Ley, elevando sus propias tradiciones en maneras que minimizaban la Ley. Empujados por su amor a la ley, ellos habían olvidado la ley de amor.

Cuando el amor a la ley empaña la ley del amor, ocurre toda clase de distorsión de la verdad. Los fariseos nos dan algunos ejemplos clásicos de la Ley dando palos de ciego—no porque la Ley es mala sino porque los corazones eran malos. Aquí hay tres de las distorsiones resultantes que traen sombras sobre la luz de la vida. Eran problemas de los fariseos que también han plagado al pueblo de la santidad en tiempos más recientes.

Problema #1. "Encierra la Ley."

Para no quebrantar la Ley, se crean otras leyes encerrando la Ley. El problema es que estas leyes menores se convierten en sus propias tradiciones y convicciones de modo que llegan a tener más significado para la santidad que la ley del amor.

Problema #2. "Es exigente y exclusivo."

Cuando el amor a la ley excede en importancia a la ley del amor, las reglas triunfan sobre la redención y las relaciones. Es aquí donde tropezaban más los fariseos. Cuando Jesús demostró la ley del amor con la mujer adúltera, los fariseos no vieron lugar para su redención. La exposición más profunda de sus propios corazones pecaminosos les endureció aún más. Ellos habían llevado este curso a su punto más profundo—el tomar la postura rígida sobre ciertas afirmaciones de la "santidad" sin la presencia de la verdadera santidad de corazón. Tales personas, supuestamente las más religiosas de todas, permanecen exigentes y exclusivas y muy poco conocen de lo que significa ser bondadosas y amorosas.

Hace algunos años, yo (Hubert) asistía a algunas reuniones de oración muy temprano por la mañana en un campamento de santidad.

Una mañana, el padre de un hijo descarriado comenzó la oración con una expresión de amargura contra aquel que había dado las espaldas a "la santidad". Este pobre hijo fue zaherido ante Dios en una oración "santurrona" e hipócrita que ni tocó al cielo ni al hijo. La oración era exigente y exclusiva en su tono. Pensé entre mí, "No es de extrañarse que ese hijo dio las espaldas a la santidad. En ese ambiente yo habría hecho lo mismo." Era el padre el que necesitaba la verdadera santidad. Entonces posiblemente el hijo respondería.

Problema #3. Divide en vez de unir.

Los fariseos defendían la letra en vez del espíritu de la Ley. Esto condujo a una interpretación rígidamente literal en la que prácticas como la circuncisión en un acto físico era lo más importante, ocultando así el hecho que esto era la figura de algo más importante. Esta manera de pensar era tan tóxica que Pablo la trató muy directamente: "Lo exterior no hace a nadie judío, ni consiste la circuncisión en una señal en el cuerpo. El verdadero judío lo es interiormente; y la circuncisión es la del corazón, la que realiza el Espíritu, no el mandamiento escrito. Al que es judío así, lo alaba Dios y no la gente" (Romanos 2:28, 29).

Habiendo participado en el diálogo nacional entre líderes del movimiento de la Church of God (Anderson, Indiana) (Iglesia de Dios-Anderson) y las Independent Christian Churches/Churches of Christ (Iglesias Cristianas Independientes/Iglesias de Cristo), yo (Barry) escribí de esta tradi-ción "radical" en mi libro *"1999 Radical Christianity"* (1999 Cristianismo Radical). Luego, junto con el historiador James North, también escribí acerca de este diálogo en nuestra obra *"1997 Coming Together in Christ"* (1997 Acercándonos en Cristo). Como producto de todo eso, conduje un seminario para pastores de las Iglesias Amigos que se reunieron en el Seminario Quaker, Earlham School of Religion. Allí reflexionamos juntos sobre el tema "Cristianismo Radical en un Mundo Pos-moderno", especialmente en referencia a la vida y testimonio futuros del movimiento de los Cuáqueros (Amigos). Aprendimos que el Evangelio de Jesucristo unifica a creyentes con un poder unificador del Espíritu de Dios, que luego, envía a los creyentes unidos al mundo como testigos creíbles. Las diferentes tradiciones cristianas tienen sus lugares, pero nunca tienen derecho de dividir a los cristianos los unos de los otros en nombre de sus tradiciones.

El Movimiento de Santidad de los siglos diecinueve y veinte a veces se embrolló en el atolladero de "puntos y tildes". Esto estimuló un espíritu de división que fue terreno fértil para el nacimiento de pequeñas denominaciones "de santidad" que a veces parecían más atentas al "perfeccionismo" que al "amor perfecto". Jamás fue más intensa esta división que cuando se trataba el tema de la "entera santificación", especialmente en lo tocante a si es una obra crucial, o si es una obra progresiva. Había un camino más corto, un camino medio, el camino más largo, el camino Keswick, etc. Inflexibilidades emergían en este laberinto de matices teológicos, y por ende, divisiones que debilitaron el testimonio de la santidad en general.

Recordar estas aberraciones sobre la santidad no es un llamado a la tolerancia y compromiso desconsiderada con la verdad en aras de la unidad. Estamos llamados a hablar valientemente por algo que muchas veces no es popular pero sí es reconocido como la verdad. Aun así, el anuncio de la verdad no puede deteriorarse en denuncia de pecadores. Lo nuestro ha de ser el gozo de proclamar las promesas de Dios para la liberación completa de pecado en maneras que no castiguen a los oyentes. ¡Ellos han de ser ganados para el amor por el amor! Si llegamos en el espíritu de unidad amorosa, las oportunidades para compartir, y ser escuchados, serán más grandes. Demasiados predicadores de la santidad se han encerrado en pequeñeces e inefectividad por tratar a la gente como enemigos y no como amigos potenciales.

Trágicamente, así como los fariseos, demasiados predicadores viven y mueren con líneas de demarcación espiritual agudas. Se esfuerzan por no dejar ningún margen de error, y denuncian a cualquiera que erre la medida de sus normas. Así como los fariseos, sus declaraciones se hacen frías, duras y crueles. Jesús tenía más paciencia con la ignorancia que con esta clase de espíritu. Él vio a los fariseos por lo que a menudo eran, diciendo, "¡Ay de ustedes, maestros de la Ley y fariseos, hipócritas!, que son como sepulcros blanqueados. Por fuera lucen hermosos pero por dentro están llenos de huesos de muertos y de podredumbre"

(Mateo 23:27). Muchos de la santidad necesitan volverse fariseos en recuperación.

Callejones Oscuros

Los fariseos nos hacen conscientes de los callejones espirituales sin salida, mismos que en la experiencia pueden dejarnos sin opción. Pero, hay otros peligros que son comunes hoy en día. Aquí hay cinco de ellos, dignos de una atención especial.

El callejón oscuro de una santidad sin misericordia

Arriba, hablamos de los juicios duros del fariseo. Una ley quebrantada, a menudo dejaba personas quebrantadas. Yo (Hubert) tuve una conversación con un proponente fuerte de la santidad quien había pasado la mayor parte de su vida en el mundo académico. Era hombre estricto con sus alumnos y con los colaboradores, demandando de ellos lo que él esperaba de sí mismo. El hombre era muy respetado por sus habilidades de enseñar y predicar, como también por su fuerte liderazgo. Estaba siendo considerado para ser el próximo presidente de la universidad en que él era uno de los líderes. De pronto, todo salió mal. La junta de directores, a través de la manipulación política lo cortó. Él dejó la universidad y luchó mucho para encontrarse de nuevo. Se sentía traicionado, estaba desilusionado y comenzó a luchar con la amargura. Tuve el privilegio de pasar un tiempo con él en el cual abrió su corazón honestamente. Con ojos tristes, me miró y me dijo, "Hubert, el Movimiento de Santidad necesita desesperadamente una teología del fracaso."

Un problema que tiene mucha gente con la santidad es su aparente intolerancia, o al menos, su incomodidad nerviosa frente al fracaso. En la mente de algunos, la santidad implica automáticamente la ausencia de pecado. Así, si uno peca, ¿qué sucede con la santidad? Muchas personas de la santidad han agonizado bajo el yugo de la "perfección sin pecado". Las opciones más aparentes han sido la re-definición del pecado como un desorden de la personalidad o algo por el estilo, cubriéndolo y viviendo en negación o terminando totalmente la búsqueda de la santidad. Esas tres opciones son lo que podríamos llamar "la santidad sin misericordia", callejones oscuros de incumplimiento y derrota innecesarios.

Dios no es un tirano, presto para eliminarnos cuando persiste una ejecución imperfecta. Mientras el pecado siempre es cosa seria, la misericordia siempre está disponible. Pronto uno ha de reconocer y confesar cualquier pecado de que uno es consciente. Cuando lo cubrimos, le damos otro nombre, o lo minimizamos, dañamos profundamente nuestro sentido de integridad, el fundamento mismo de la santidad verdadera. Juan habla de la buena disposición de la gracia de Dios para perdonar: "Mis queridos hijos, les escribo estas cosas para que no pequen. Pero si alguno peca, tenemos ante el Padre a un intercesor, a Jesucristo, el Justo" (I Juan 2:1).

Un día cuando yo (Hubert) estaba en la universidad, iba de prisa al comedor desde el salón de la música para no llegar tarde. Era época de frío y, aunque habían limpiado la acera del hielo, había quedado hielo en la grama. Al pasar frente a un grupo de señoritas, me resbalé y caí justo en frente de ellas. Fue un momento vergonzoso en mi vida. Créame, en un instante yo me había levantado para escapar de las risas burlescas de las aquellas testigos. No hubo nada en mí que me dijera que era necesario volver al salón de la música para comenzar mi jornada de nuevo. Todo me decía que siguiera hacia mi meta, aún más rápidamente. Asimismo cuando caemos espiritualmente—no haciendo una práctica de pecar, sino cuando fallamos en algún punto. Necesitamos buscar la misericordia de Dios *y seguir adelante*. No hay necesidad de volver hacia atrás, abandonando todo. ¡Se ha hecho provisión para nuestras fallas!

Uno de los grandes problemas que confrontan a los que persiguen la santidad es el juicio severo de parte de los que, oponiéndose a la santidad como una posibilidad, no tienen ninguna misericordia con el pueblo de la santidad cuando fallan en algún punto. Los opositores usan las fallas como persecución. Irónicamente, mientras acusan al pueblo de la santidad de ocasional mala ejecución, son ellos mismos los que están más preocupados con la ejecución—demandando que cualquier tipo de santidad sea una perfección sin pecado. Ellos saben que por el hecho de colocar las normas más altas, nadie jamás pueda alcanzar la santidad en esta vida.

El problema principal con el pensamiento de la perfección sin pecado es que ha hecho del pecado el asunto principal. En efecto, el pecado es un producto secundario de un problema más profundo—el problema del amor imperfecto o extraviado. ¿No fue esto el problema principal de Adán y Eva? Alejaron sus rostros de Dios volviéndose a sí mismos, con las consecuencias que eso podría producirles. Pablo, al hablar del abandono de Demas, dijo, "pues Demas, por amor a este mundo, me ha abandonado y se ha ido a Tesalónica…" (II Timoteo 4:10). Él usa la misma palabra griega para "amor" que es usada al hablar del amor divino—amor ágape. En vez de un amor que da primera preferencia a Dios, Demas tenía la clase de amor que da preferencia al mundo.

La Biblia nunca habla de perfección sin pecado, pero sí habla de amor perfecto (I Juan 2:5; 4:12). Aun cuando Jesús hablaba de ser perfectos como nuestro Padre en el cielo es perfecto (Mateo 5:48), se refería a amar así como el Padre ama—especialmente en referencia a amar a nuestros enemigos. Lo interesante del "amor" es que enfoca la motivación y no la ejecución. Lo notable de la santidad es que no nos hace super-ejecutores. Realmente, nos hace sub-ejecutores, donde la palabra clave es "reposo". Podemos reposar de la tiranía de tratar de ser importantes, o tratar de impresionar a Dios y a la gente. Nuestro significado está en el amor de Dios, no en lo que pensamos que tenemos que hacer para ser significante. Nuestro gozo está en la pureza y deleite de simplemente amar plenamente y ser completamente amado, no en lo que tenemos que hacer para sentirnos realizados y ser aceptados.

Por cierto el amor afecta positivamente nuestra ejecución de vida porque el amor es activo y agresivo, pero no descansa allí. Descansa en el amor—el amor de Dios por nosotros, y nuestro amor por Dios; de modo que no hay reposo más grande que el amor perfecto (íntegro, completo, puro). Cubre una multitud de fallas. Esto es liberador porque, cuando el enfoque es la motivación (y no la ejecución), ante los ojos de Dios el asunto central del pecar depende del motivo y no solamente de la ejecución.

Algunos pecaron antes de la transgresión

Esto es lo que dijo Jesús cuando se refirió a que el adulterio ocurre cuando un hombre mira a una mujer codiciándola (Mateo 5:28), o cuando un hombre odia a su hermano, el juicio de homicidio ya está sobre él (Mateo 5:22). Posiblemente el acto no se haya consumado, o posiblemente nunca se consumará, pero el pecado ya se ha llevado a cabo porque ha sido abrazado en el corazón. El Espíritu Santo será fiel en advertirnos, y nosotros hemos de ser fieles en darle tratamiento a la tentación prontamente, de otra manera, nos vencerá.

Algunos pecan al punto de la transgresión

Uno actúa negativamente por su naturaleza torcida. Cuando se presenta una tentación, la acción negativa es casi automática. Esta persona necesita descubrir la posición de rendimiento al Espíritu de Dios—muriendo al yo pecaminoso, experimentando el poder de Dios para transformar su misma naturaleza y trazar un caminar nuevo y santo con Dios.

Algunos pecan después de la transgresión

Posiblemente una persona no lo haya pensado antes, pero en un momento de descuido hay una acción impropia para un cristiano. En este caso, el Espíritu Santo convence del pecado. Cuando se resiste esa convicción, se elaboran excusas y se racionaliza (se dan "razones"), si ese mal no se corrige, esa persona ya ha entrado en pecado. En cambio si hay tristeza con pronto arrepentimiento, pidiendo perdón, el ofensor puede seguir adelante en el camino de santidad, siendo ahora una mejor persona.

> El centro del mensaje de la santidad es su poder transformador.

El callejón oscuro de una santidad sin integridad

Tan peligrosa como la santidad sin misericordia es la santidad sin integridad. La una no permite fracaso, la otra permite casi todo. Tenemos que hallar el equilibrio bíblico entre estas dos o terminaremos con una teología que agrada a todos pero que no cambia a nadie. El poder del mensaje de la santidad es su poder transformador. Es importante para nosotros evitar adoptar una actitud permisiva que puede corroer la verdad misma de la santidad.

El Espíritu Santo produce un cambio que se necesita en el presente. Si ciertas conductas son impropias, pueden ser cambiadas si así lo permitimos. La excusa de "así soy yo" no tiene mérito desde el punto de vista de Dios. Esto es el escape que usa una persona ego-céntrica para no recibir la muy necesitada limpieza de su falla innecesaria. La santidad permite a Dios volver a moldear nuestras vidas hasta que todos lleguemos a "la unidad de la fe y del conocimiento del Hijo de Dios, a una humanidad perfecta que se conforme a la plena estatura de Cristo" (Efesios 4:13—NVI).

Es importante volver a decir que la integridad que Dios busca para nosotros es primordialmente una integridad de corazón que alinea nuestro espíritu y actitud enteramente con los caminos de Dios. Hemos de ser "barro en las manos del alfarero" que no contenga nada extraño que resiste el ser moldeado de nuevo. El barro puro no es barro totalmente formado, pero es barro dócil que permite ser transformado en las manos de Dios.

A nosotros (Hubert-Sarah) nos encanta la alfarería de diferentes países. Mientras estuvimos en el área de Cusco, Perú, compramos unas piezas preciosas de alfarería diseñada y moldeada por Edwardo Seminario, un hombre famoso por la pureza y hermosura de su arte. Nos deleitamos con ellas porque sabíamos que eran *de calidad*, tanto por su material como por su maestro. Su arte es elogiado extensamente. Irónicamente, ¡cuántas veces menospreciamos la obra del Maestro Alfarero en nuestros corazones y vida!

Hoy en día hay una preferencia asombrosa por el lenguaje de pecado. Algunos parecen tomar cierto placer, casi como un gafete de honor, en dar testimonios llenos de confesión de la rebelión en que permanecen, fallas y fracasos, pero aún cargados con mucho del amor y gracia de Dios. Es desalentador escuchar las palabras de algunos de los cánticos cristianos populares en los cuales se ha filtrado mucha sugerencia pecaminosa y egocéntrica, como si esto fuera la experiencia cristiana natural y normal. Los temas primordiales parecen ser la gracia y el amor de Dios a pesar del pecado, en vez de la gracia que libera del pecado. Esta clase de lenguaje se ha hecho muy común aun en estudios bíblicos, convirtiéndose en la norma por la ausencia de la vida cristiana victoriosa.

El callejón oscuro de una santidad sin disciplina

Un cristiano sin temprana y continua disciplina luchará con el lenguaje bíblico en cuanto al amor sufrido y sacrificial, esclavo/siervo, y atleta. Todos estos señalan la disciplina significante requerida para tener éxito en una vida cristiana seria (santa). El hecho es que cualquiera que no entra en las disciplinas espirituales apropiadas jamás conocerá la santidad. La disciplina es el músculo de la santidad y, aunque por sí no puede santificar, sí fortalece los músculos que son vitales para una vida santa. Cuando falta la disciplina, el "mundo" seguramente vencerá.

Una vez yo (Hubert) participé en una conferencia de mesa redonda por correo electrónico con unos líderes nacionales de Kenya y algunos misioneros. La pregunta que discutimos era por qué Kenya, como Rwanda, Burundi, y el Congo—países que habían sido cristianizados significantemente—habían estallado trágicamente en guerra y matanza étnica. Muchas de las parodias se dieron en el área donde una denominación de santidad era la presencia cristiana más destacada. La respuesta de un líder eclesiástico nacional me impresionó. Él dijo, "La razón es, que hicimos evangelismo sin discipulado." Nos enfocamos tanto en conseguir que la gente se salve que dejamos de llevar a la gente ya salva a las profundidades de una vida cristiana madura.

Revertir este serio descuido debe ser la más grande prioridad en toda la enseñanza y predicación de la iglesia. La iglesia sufre un gran daño cuando le hacen falta las disciplinas vitales de un discipulado serio. Esto no puede ser sustituido por la gracia salvadora y santificadora, no importa cuán grande sea. Por supuesto, todo es por gracia divina, pero no sin nuestra dispuesta cooperación. La disciplina es uno de los colores claves de la santidad.

La santidad hace que aprendamos fácilmente

Hay una característica maravillosa en un niño, y es interesante que Jesús nos exhorta a volver-nos como niños (Mateo 18:3). Aunque la inferencia era por su sencillez y humildad, debemos admitir que los estudios continúan mostrando que la formación en la vida ocurre mayormente hasta la edad de doce años—mientras aún somos niños. La tradición judaica celebra a un joven llegando a ser hombre a la edad de doce años. Si esta formación en la niñez es cierta, tal vez detrás de las palabras de Jesús, "Les aseguro que a menos que ustedes cambien y se vuelvan como niños, no entrarán en el reino de los cielos," esté el significado escondido de "¡nunca hacerse mayor!"—como niños, seguir aprendiendo y cambiando. Los que no aprenden fácilmente y cambian fácilmente pronto quedarán rígidos, duros, e indóciles, asesinos de la vida espiritual personal y de la iglesia.

Las disciplinas de aprendizaje se desarrollan mediante el involucramiento decidido y consistente en la lectura y el estudio de la Biblia. Deben abordar los asuntos del día en vez de las preocupaciones personales del grupo o del individuo. La gente de la santidad debe involucrarse en las áreas difíciles de la inmigración ilegal, división étnica, contaminación y destrucción del medio ambiente, para mencionar algunas. Han de aprender mejores maneras de introducir a Jesús en grupos de personas muy diferentes y controversiales. Esto ha de producir tiempo de oración más intenso e inteligente.

También, la disciplina de un discípulo ha de incluir la lectura de libros cristianos de calidad, saturando la mente con buenas biografías cristianas y autobiografías, y uniéndose a grupos de "respondabilidad".³ Juan Wesley dio dirección a pequeños grupos celulares, animándoles a hacerse las preguntas siguientes los unos a los otros:

¿Qué pecados has cometido a sabiendas desde nuestra última reunión?

¿Con qué tentaciones te has confrontado?

¿Cómo fuiste liberado?

¿Qué has pensado, dicho, o hecho, que está en tela de duda si era, o no, pecado?

¿No tienes nada que deseas guardar como secreto?

Wesley También animaba a cada creyente a hacer y contestar cada día preguntas como:

¿Consciente o inconscientemente estoy creando la impresión que yo soy mejor de lo que soy? En otraspalabras, soy yo un hipócrita?

¿Soy honesto en todos mis hechos y palabras, o exagero?

¿Paso a otra persona confidencialmente lo que se me dijo en confianza?

¿Soy esclavo del vestido, amigos, trabajo, o hábitos?

---

3   ***Nota del traductor.*** Hemos acuñado el término "respondabilidad" para traducir la palabra "accountability" en inglés, puesto que no existe en el español una equivalencia dinámica del mismo. El término significa "rendir cuentas a una tercera persona".

¿Estoy cohibido, siento y expreso lástima por mí mismo, y me justifico?

¿Es la vida de Cristo real en mí?

Finalmente, y siempre, tenemos que estar sumergidos en la vida regular de la iglesia que abarca la predicación, enseñanza, adoración, un grupo pequeño, y servicio. Nada ha de sustituir el involucramiento personal en una iglesia local. No tenemos excusa que permita que uno se con-forme con un cristianismo débil, inmaduro, inefectivo, impío.

Las prácticas y el llamado a la disciplina cristianas de Wesley nos harían a la mayoría de nosotros acobardarnos por algunos de los detalles. Pero esas disciplinas hicieron soldados de creyentes jóvenes, que revolucionaron a Inglaterra, e incendiaron el movimiento Metodista de Norte América. Estos no eran cristianos afeminados yendo a una merienda. Era una gente de la santidad que en verdad conocía a un santo Dios. Ejercían la santidad y produjeron hombres y mujeres de acero espiritual. Eran cristianos llenos del Espíritu y capacitados por el Espíritu en misión. Resplandecían con la similitud de Dios y el mundo no podía menos que tratar con ellos. Nuestros corazones deben clamar—¡Coloréame santo!

La santidad nos hace siervos

Conocemos la historia impresionante de Pablo y Marcos. Este joven había sentido la punzada del rechazo de Pablo para acompañarle en otro viaje misionero. Las expectativas de Pablo para el ministerio eran altas. Cuando Marcos no alcanzó aquellas exigencias, causó una división entre Pablo y Bernabé (Hechos 15:36-39). Después de algunos años Pablo se encuentra en la prisión por causa del evangelio. Al escribir desde allá a Timoteo, aparece el nombre de Marcos. Ahora, las cosas habían cambiado. Existía un nuevo aprecio de gratitud por Marcos. Pablo pide a Timoteo que traiga a Marcos en su próxima visita porque, informa Pablo, "me es útil en mi ministerio"

(II Timoteo 4:11). La palabra "útil" literalmente quiere decir "fácil de usar". ¡Qué palabras más fuertes! ¡Qué testimonio a la transformación personal!

"Fácil de usar." Esta es una maravillosa descripción de un cristiano como "la abeja trabajadora" en la vida de la iglesia, el siervo yendo aquí y allá, dondequiera para hallar la verdadera materia que hace la miel de la vida. La obra cristiana sin estos dedicados discípulos es una obra que languidece. Sin ellos siempre estaremos plagados y obstaculizados con personas que abandonan la obra, quejosos, y llorones.

En un mundo que sufre por la pobre actuación de obreros indisciplinados—yo (Hubert) he pedido a Dios que aumente el número de misioneros que sepan lo que significa orar, trabajar, y servir con todo su corazón. Hay muchas cosas que distraerán los corazones indisciplinados de la obra que está por delante. Me recuerda que "los ojos de Jehová contemplan toda la tierra, para mostrar su poder a favor de los que tienen corazón perfecto para con él" (II Crónicas 16:9). Juan Wesley dijo una vez, "Dame cien predicadores que no temen nada sino al pecado, y que no desean nada sino a Dios, y no me importa una jota si son clérigos o laicos: sólo tales sacudirán las puertas del infierno y establecerán el Reino de Dios sobre la tierra." Amy Carmichael (1867-1951) escribió: "Somos llamados para ser los intransigentes del Señor, inflexibles, a quienes se nos puede encomendar cualquier tipo de prueba de resistencia, y a quienes se puede confiar que estaremos firmes ocurra lo que ocurra. Ciertamente la fortaleza es la virtud soberana de la vida—¡Oh Dios, dame fortaleza!"

El callejón oscuro de una santidad sin humildad

Juan Wesley vio el orgullo como la tentación y el peligro más grandes para la santidad de corazón. Advirtió fuertemente contra cualquier presencia de orgullo. Cualquiera que deje que este monstruo tome asidero en la predicación, enseñanza, oración, testimonio, o servicio ha puesto una gran división entre sí y Dios. Una persona tal vez impresione a muchos observadores con habilidades especiales pero tropezará sobre su propio ego. El orgullo difícilmente se suprime. Volverá a aparecer de nuevo. Puede sentirse, demandando su lugar y su prestigio. Puede oírse, menospreciando a la gente y los programas. Puede verse, deseando alabanza y adulación. Aparecerá de una forma u otra, finalmente dañando relaciones y organizaciones, robándoles de lo que podrían llegar a ser.

La gente orgullosa, que, de manera excesiva muestra sus reveces, mira a otros como el medio para lograr sus propios fines en vez de gente a quien respetar y amar. Los pastores a menudo cuentan los números en vez de atender a las almas. Los misioneros comienzan a contar los donantes en vez de atender al discipulado. Los hombres de negocio comienzan a contar el dinero en vez de atender el servicio a la gente. Los miembros de la iglesia comienzan a contar los beneficios que pueden recibir de la gente en vez de preocuparse de ellos en amor.

El príncipe Caspian es un carácter presentado en las *Chronicles of Narnia (Crónicas de Narnia)* por C. S. Lewis. Después de la batalla decisiva, el gran león Aslan anuncia que el príncipe ahora puede asumir su legítimo trono. Sin embargo, Caspian expresa duda en cuanto a si está preparado para llevar tan grande responsabilidad. Está agradecido, pero humilde. Aslan responde con unas palabras tranquilizadoras inesperadas. "Es por esa misma razón que yo sé que sí estás preparado." La humildad es la marca clara de madurez cristiana, de santa preparación para llevar responsabilidad.

Mucho daño ha sido causado a instituciones e iglesias cristianas que habían comenzado como baluartes de la santidad pero que luego permitieron que la auto-importancia dominara su agenda. La verdadera santidad está marginada mientras otras cosas toman la precedencia. Llegan a prosperar con las cosas con que prospera el orgullo, y proceden sin ninguna idea de lo que les ha acontecido—no viendo que están muertos desde ya aunque sus estructuras permanezcan. ¡El orgullo siempre es fatal!

> La gente más pintoresca en el mundo han de ser aquellos que están en el camino de la verdadera santidad, con el sonido y la imagen de pura alabanza, pura risa, puro canto, y pura comunión llenando la comunidad.

El callejón oscuro de la santidad sin gozo

Cualquier clase de santidad que no produce gente gozosa no es santidad. La gente más pintoresca en el mundo son aquellos que están en el camino de la verdadera santidad, con el sonido y la imagen de pura alabanza, pura risa, puro canto, y pura comunión llenando la comunidad. Pero muchos se han aferrado a una santidad que da la impresión que los limones son la fruta favorita de los fieles. Pablo hace hincapié en el gozo en la lista del fruto del Espíritu de Dios—gozo metido entre amor y paz (Gálatas 5:23).

El Movimiento de Santidad a finales del siglo diecinueve fue empujado por el gozo. Las reuniones estaban llenas del gozo de la salvación completa. Los testimonios eran adornados con el gozo de plena pureza. Los cantos danzaban con el gozo de la bondad de Dios. ¿Cómo podría ser que algunos de entre esa gente y ese ambiente gozoso llegaran a ser conocidos como asesinos del gozo? Tristemente, lo que comenzó con tanto entusiasmo a menudo terminó con grande represión. En vez de ser conocida por su plenitud de vida, la gente de la santidad llegó a ser conocida por su vestido soso, comportamiento soso, disciplinas sosas, aparentemente con el propósito de guardarse de ser demasiado identificados con el mundo. ¡Esa no es la santidad que irradia el color de Dios! La gente de la santidad ha de disfrutar del mundo mucho más de lo que puede el mundo mismo porque "este mundo es de nuestro Padre"—y es bueno.

El gozo prorrumpe a través de las páginas de la Escritura como un "geiser"[4] que no se puede suprimir; llena las tinieblas con canto. Cuando algunos de los fariseos dijeron a Jesús que callara la alabanza de sus discípulos, Él contestó, "les aseguro que si ellos se callan, gritarán las piedras" (Lucas 19:40). El gozo está en la creación de Dios porque es la naturaleza misma de Dios. Tenemos que salir del callejón oscuro de la melancolía, desesperación, y agonía. ¡Que Dios nos ayude a descubrir de nuevo la voz gozosa de la santidad!

---

4   No hay una traducción apropiada para la palabra "geiser". Eso es un brote de agua termal que se levanta a gran altura. Nota del traductor.

Al llegar al final de este capítulo, instamos a nuestros lectores a buscar la luz de la gloria de Dios, para salir de los callejones oscuros y sin salida en que Satanás quiere atraparnos. Desde hace demasiado tiempo, la santidad se ha extraviado. ¡Los próximos dos capítulos nos llevaran por el paseo de la vida!—la santidad volviendo al camino. Al tomar este paseo, escucha esta palabra de precaución. No trates de vivir la santidad aisladamente, tratando de esconderte en algún lugar "sagrado" y vivir solamente con gente "buena" para proteger la provisión de gracia de Dios. La santidad, aunque no es de este mundo, pertenece muchísimo a este mundo.

LA SANTIDAD...
VOLVIENDO AL CAMINO
NUEVA ESPERANZA

CAPÍTULO 6

HEREDANDO EL RESPLANDOR

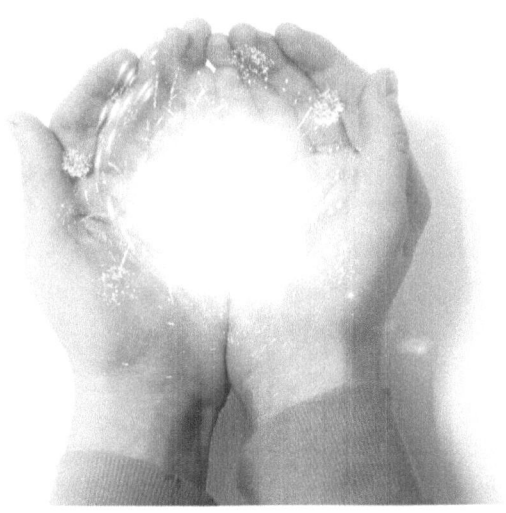

> Dios sacrificó a Jesús sobre el altar del mundo para limpiar ese mundo del pecado.... Esto no es sola-mente claro, sino que es ahora—¡esta es historia corriente! Dios endereza las cosas torcidas. También Él hace posible para nosotros que vivamos en Su rectitud. (Romanos 3:25,26, versión El Mensaje)

¿Puede haber algo más claro o más maravilloso de lo que Pablo escribe en Romanos 3 (arriba)? Dios ha actuado en Jesús para hacer posible el perdón de nuestros pecados. Pero, hay más. ¡Esa muerte de Jesús de hace tanto tiempo está muy viva ahora mismo! El perdón ha de ser seguido con algo más, algo radical, maravilloso, y contemporáneo. El Espíritu de Dios está preparado para capacitarnos a los pecadores perdonados, los "enderezados", para vivir en *la justicia de Dios*—para ser santos hoy mismo. Tenemos el privilegio de heredar tal reconciliación por la gracia de Dios, en consecuencia, somos responsables de reflejar su claridad en nuestras vidas diarias.

Caminando Día Tras Día

Parece que el camino es muy largo. Muchos de nosotros estamos tentados a ni siquiera comenzar el viaje. Terminamos el viaje hacia la "perfección cristiana" en el punto mismo de partir, no tomando ni los primeros pasos porque tantos otros, probablemente demasiados otros pasos quedan por delante. La santidad es un acto de Dios *por nosotros* y tiene que ser un caminar día tras día *por nosotros*.

Piensa en la vida cristiana con la imagen de un camino largo en mente. Para vivirla correcta-mente, para llegar a ser todo lo que en las Escrituras está prometido para los seguidores verdaderos de Jesús, en verdad eso es un gran desafío. Dejar todo y seguir al Maestro en algún desafiante nuevo mundo es una perspectiva abrumadora—hasta espantosa. Implica una jornada que pocos de nosotros nos atrevemos a tomar. Lo más fácil es no hacer nada.

Algunas cosas son muy claras. Nosotros los humanos todos somos débiles e imperfectos. Para emprender una jornada espiritual con Jesús con seguridad nos movemos de un desafío mayor a otro, probablemente de una frustración y fracaso a otro. ¿Quién querrá confrontar eso? Es un dilema difícil. Por un lado, oímos el llamado bíblico a ser "santo". Por otro lado, a nadie le gusta ser puesto en un pedestal para que los críticos puedan verle y reírse del espectáculo.

Sin embargo, el hecho es que vivir una vida cristiana vibrante tiene que incluir la jornada de santidad. Somos llamados a ser "santos". El mandato y la expectativa de Dios son que seamos santos porque Dios es santo. Sin la santidad no veremos a Dios. Lo que Dios ha hecho en Jesús es reconciliarnos en "…el cuerpo mortal de Cristo mediante su muerte, a fin de presentarnos santos, intachables e irreprochables delante de Él, con tal de que nos mantengamos firmes en la fe, bien cimentados y estables…" (Colosenses 1:22, 23). Este viaje hacia la "firmeza de la fe" y "bien cimentados y estables" no es fácil, y ciertamente no se terminará con los primeros pocos pasos. Aun así, ¿no deberíamos estar corriendo la carrera en vez de sentarnos en el estadio inmovilizados porque dudamos poder llegar al final?

¿Qué de arriesgar los primeros pasos? No nacimos adultos, entonces ¿por qué esperar la santidad instantánea justo en la línea de partida? El no comenzar nos condena al fracaso. Si Dios llama, ¿no proveerá también? Si vamos a fracasar, ¿no es mejor hacerlo esforzándonos hacia la meta que simplemente acostándonos en nuestros ataúdes y rehusando respirar hasta que, por misericordia, venga la muerte? Como la tradición Wesleyana/Santidad ha enfatizado desde hace muchas generaciones, los creyentes estamos llamados a "ir adelante a la perfección."

Los creyentes pueden asegurarse de esto. Al determinar seguir adelante, Dios va con nosotros como Guía y Proveedor constante. La palabra griega *poikilos* puede llamarse la palabra multi-colorada del Nuevo Testamento. Era usada fuera de la Escritura para describir la piel de leopardo, el brillo que surge del plumaje de algunos pájaros, y el destello multifacético que irradia del granito cuando los rayos de luz lo impactan desde cierto ángulo. Una traducción más antigua de la Biblia interpreta *poikilos* como "diverso", y una más reciente como "varios". Jesús sanó diversas enfermedades—una gran variedad con manifestaciones ampliamente distintas (Mateo 4:24; Marcos 1:34; etc.). Hay diversas concupiscencias o varios placeres de los paganos que aparecen en colores repugnantes (Tito 3:3). Al seguir adelante a la perfección nos encontraremos con varias doctrinas descoloridas (Hebreos 13:9). La descoloración se puede ver por todos lados.

Pero, está también lo positivo. Aunque los creyentes viajeros tendrán que confrontar varias (*poikilos*) pruebas (I Pedro 1:6), se nos anima a creer que hemos de "…considerarnos muy dicho-sos cuando tengamos que enfrentarnos con diversas pruebas, pues ya sabemos que la prueba de nuestra fe produce constancia. Y la constancia debe llevar a feliz término la obra, para que seamos perfectos e íntegros, sin que nos falte nada" (Santiago 1:2-4—NVI). El uso bíblico más revelador de *poikilos* se encuentra en I Pedro 4:10 en que la multiforme gracia es subrayada. Aquí hay buenas nuevas dramáticamente pintorescas. No hay descoloración en vidas pecaminosas que no pueda ser enfrentada por una belleza divina preparada para redimir. No hay ninguna situación humana, desde el dorado sol del gozo hasta el gris soso del dolor y la tristeza, en que la gracia de Dios no preste su color correspondiente necesario para devolver la luz e introducir nueva esperanza.

El desafío de la santidad es hacernos "fieles administradores de la multiforme gracia de Dios" sirviéndose los unos a los otros con "cualquier don que haya recibido" (I Pedro 4:10) Los dones de Dios son tan diversos como las necesidades de los creyentes, hablando en su totalidad a la gama completa de necesidades de salvación y servicio. Frente al basurero de este mundo lleno de colores podridos, Dios provee un ramo de belleza salvador y proveedor. Por eso, hemos de caminar día tras día en fe y confianza reconociendo que nosotros los huérfanos pecaminosos hemos sido adoptados por el Dios multicolor.

¡HEMOS SIDO ADOPTADOS!

Mi yerno, Kevin e hija María (de Hubert y Sarah) ya habían sido bendecidos con dos niños biológicos. Sin embargo, se sintieron dirigidos por Dios a dar novedad de vida a un niño nacido en circunstancias menos afortunadas y con poca esperanza de sobrevivir sano. Después de todo el tiempo de espera y la ansiedad que acompañan la adopción desde otro país, finalmente llegó el día de gran celebración familiar en el aeropuerto en Cincinnati, Ohio. La familia conoció y dio la bienvenida a sus vidas a este niñito de la República Democrática de Congo, un país muy destrozado por la guerra y la pobreza. No hay más grande gozo que presenciar esta clase de acontecimiento.

Muy poco sabía este bebé de siete meses de lo que le estaba ocurriendo. De repente, un niño sin esperanza estaba abrazado con esperanza; un niño que conocía muy poco de amor fue abrumado por el amor; un niño que no sabía nada de familia fue acogido por una familia; a un niño sin herencia le fue dado el nombre de familia con todos sus derechos y privilegios. Fue un acto de amor, de gracia y de nueva vida.

El pequeño Oliver llegó desnutrido, luchando con la malaria, y grandemente limitado, por lo que pronto se le diagnosticó de parálisis cerebral. Un año más tarde, después de intensa terapia física para corregir disfunción de piernas y brazos, Oliver fue pronunciado completamente normal. Este niño sano ahora está aprendiendo, hablando, riendo (y, sí, llorando), saltando, subiendo, y jugando como si nada hubiera estado mal. Los adultos en la familia recuerdan bien cuán mal habían estado las cosas anteriormente, pero eso no los había detenido de adoptar y amar.

El hecho oscuro es que todos nosotros hemos sido dejados huérfanos de lo que Dios propuso que fuésemos. Sin embargo, otro hecho es mucho más brillante y glorioso. ¡A nosotros que éramos meros esclavos del pecado ahora se nos ha ofrecido el posible estado de *miembros de la familia divina!* La fe en esta promesa puede florecer en una ráfaga de asombrosos colores de vida nueva. A pesar de toda la oscuridad que cubre la tierra en el siglo veintiuno, o posible-mente por causa de ella, hay un hambre por la vida y el amor que está extendiéndose con esperanza de recibir vida nueva de Dios. Necesitamos y queremos ser adoptados.

La Biblia cuenta la larga historia de Dios estableciendo y sosteniendo una relación íntima con un pueblo disfuncional que, a pesar de todo, fue escogido para ser de Dios. Esta historia es esencialmente el tema de la Biblia, una historia de pactos, para establecer comunidad, Dios escogiendo y amando a un pueblo. El recordar y creer esta historia nos conduce a reclamar nuestra propia adopción por Dios, a pertenecer realmente a Dios, a comprender el presente y abrazar el futuro a la luz de un pasado bíblico determinante. En otras palabras, el activar nuestra adopción por Dios se arraiga en que nosotros abracemos como nuestra la larga y resplandeciente gloria de la historia adoptiva de Dios con nosotros los humanos descarriados. Esta gloria exuda el calor de los azules y desata el resplandor de pintorescos amarillos y rojos. Todos ellos son colores de la gracia de Dios iluminando el camino hacia Jesucristo e inundándonos con nueva vida en Él.

Cuando llegó el tiempo, en la cumbre de la historia bíblica, Dios actuó en Jesús. Ahora, por esa acción de la gracia de Dios, tenemos el privilegio de ser "…ya no esclavo sino hijo; y como hijo, Dios te ha hecho también heredero" (Gálatas 4:5, 7—NVI). Nos ha sido dado el derecho de ser hijos de Dios porque hemos sido renacidos por la voluntad de Dios (Juan 1:12, 13).

Entonces, ¿qué es la santidad cristiana? Es verdaderamente pertenecer a la familia adoptiva de Dios, estando intencionalmente en el camino de la fe hacia la adultez por estar rodeados por los brazos acogedores del Espíritu Santo. Es el amor desarrollándose en plena flor. Cuando éramos todavía pecadores, Cristo murió por nosotros. Somos capaces de amarle a Él ahora porque Él nos amó primero entonces, y luego nos llamó y nos adoptó para que podamos pertenecer verdaderamente a Dios, al pueblo de Dios, y—por extender el amor de Dios—a la gran obra de Dios en nuestro mundo que todavía está en tinieblas.

Los creyentes en Jesucristo llegan a pertenecer a una nueva comunidad de adoptivos, la iglesia. Esta nueva relación familiar resulta de un nuevo nacimiento real. Por estar unidos con Jesús, nacidos por Su Espíritu, somos adoptados por Dios, llegando a ser verdaderamente hijos e hijas del Altísimo. Hay una palabra maravillosa del Nuevo Testamento, en Griego *huiothesia*. Literal-mente quiere decir "reconocido (o, colocado) como hijo". Nosotros que no pertenecíamos, ya pertenecemos. A nosotros que éramos meros esclavos del pecado ahora se nos concede el estado de miembros de la familia divina mientras nos humillamos en reverencia a la majestad soberana del Dios Redentor.

La tristeza y arrepentimiento por nuestro pecado pueden ser cambiados por la limpieza de la presencia purificadora de Dios. ¡Adoptados, cambiados, comisionados, coloreados por los pinceles del gran Artista! La santidad es Dios pintándonos con los óleos de su propia hermosura! La intención plena de nuestra adopción espiritual es traer amor, seguridad, salud, e integridad a la vida de un niño desesperado. Estos forman la base para el amor y la confianza—el eslabón más fuerte entre hijo y padre.

Dentro de esta clase de relación amorosa hay una maravillosa palabra bíblica del Hebreo, "*Shalóm*" que significa "paz" o "integridad". Las palabras griegas y latinas *eirene* y *pax* habrían sido muy conocidas por la gente en tiempos del Nuevo Testamento. Estas eran las palabras que Julio César y sus sucesores utilizaban al anunciar que habían traído paz al Imperio Romano mediante sus conquistas y administración. Pero, no había confianza en esta clase de paz. Esa clase de paz estaba cargada de sumisión, temor, y opresión que suelen conducir a la rebelión—y es lo mismo también en las familias. Cuando un niño se cría en un ambiente dominado por reglas rígidas en vez de la confianza pura, enseguida resultan resentimiento y rebelión.

Los judíos estaban más familiarizados con la palabra hebrea *Shalom*. Esto significaba mucho más que un silencio embarazoso de obediencia forzada. Era más que la mera ausencia de conflicto. *Shalóm* proyectaba el sentido que todo en la vida está tal como debe ser porque Dios está reinando amorosamente sobre la creación, y los hijos de lo divino viven agradecidos de acuerdo a la voluntad y los caminos de Dios. Los santos de Dios reciben y comparten la paz.

La Misión Evangélica Mundial (World Gospel Mission) es un ministerio cristiano que ha tenido el privilegio de asociarse con la Iglesia Evangélica Africana en Kenya en un proyecto para salvar la vida de pequeños niños abandonados en lugares peligrosos y deplorables. Juntos, han establecido un centro para bebés abandonados cerca de Nakuru—un lugar donde, a estos pequeños desamparados, se les da la oportunidad de vivir. Bajo el cuidado atento y amoroso de gente cristiana que les provee atención completa, estos bebés comienzan a florecer. Pronto son adoptados por padres cristianos kenyanos. Sus fotos reflejan el brillo de estos rostros jóvenes. ¡Es un brillo del Shalóm de Dios! Todo está tal como debe ser porque están ahora bajo los ojos amorosos, atentos, y vigilantes de padres—("¡yo pertenezco!")—padres en quienes ellos pueden confiar.

No hay mejor lugar donde estar que aquel en que sabemos que Dios está sobre el trono y nosotros bajo el cuidado constante, amoroso y vigilante de Dios ("¡pertenecemos!")—¡no hay mejor lugar! Pues esto produce una confianza tal que exhala paz. Esta es la iluminación de adopción, el brillo espléndido de la gracia divina, el gen de la santidad. La confianza que se abriga totalmente con el calor de la paz, fácilmente pasa, de la gratitud por la ayuda del Padre, a la bendición más grande de compartir la casa y la santidad del Padre. Esta es la transformación que produce una vida bajo el cuidado del Padre (física y materialmente) y nos lleva a adueñarnos del nombre del Padre (la naturaleza y semejanza de Dios).

Fíjate de nuevo en estas palabras asombrosas—"ya no un esclavo sino hijo; y como hijo, también heredero" (Gálatas 4:7). Esta es hermosura absoluta. John Newton la llama "Gracia Asombrosa" (Amazing Grace). C. Bishop se refirió a ella como "Tal Amor". Las palabras de un himno captan la gloria y la grandeza de nuestra adopción por Dios:

> Que Dios amase un pecador cual yo
> Y que cambiase en gozo su pesar
> Que a su redil me trajo su bondad,
> ¡Oh cuán maravilloso amor!
> Hoy por su amor soy hecho su hijo yo
> Y no me pide ser siervo ya más;
> Por "tierras lejos" yo no vago ya
> Pues gracia encuentro yo en su amor.[1]

Dios está diciendo, "¡Todo lo Mío es tuyo!" Somos herederos junto con Cristo. Por eso, todo lo que es de Cristo es nuestro. "Ya conocen la gracia de nuestro Señor Jesucristo, que aunque era rico, por causa de ustedes se hizo pobre, para que mediante su pobreza ustedes llegaran a ser ricos" (II Corintios 8:9—NVI).

Aunque no hay duda que nuestra heredad incluye el cielo, con todo lo que el cielo conlleva, hemos sufrido demasiado tiempo a manos de los que están tan absortos con lo celestial que empujan todo lo que Dios ha prometido espiritualmente para *esta* vida al "dulce más allá". Por supuesto, al otro extremo están aquellos que predican el "evangelio de la prosperidad" el cual trae el cielo a la tierra, no porque quieran hacer la voluntad de Dios en la tierra como en el cielo, sino porque quieren las riquezas de Dios para sí mismos ahora en la tierra tal como lo serán más tarde en el cielo.

Nuestra heredad espiritual ha de disfrutarse, sobre todo, en esta vida, antes de disfrutarse en la vida por venir. Hemos de ser "ricos

---

[1] C. Bishop, "Such Love" (¡Oh, Qué Amor!) en Worship in Song (Lillenas Publishing, 1972), 220

delante de Dios" (Lucas 12:21) ahora. Esto tiene que ver con una relación en la que estamos enteramente comprometidos con Dios en toda manera y en todo tiempo. Cualquiera que es rico para con Dios no desea nada menos y siempre buscará esa riqueza cada vez más porque el tal se deleita en la plenitud de este gozo. Es como el matrimonio puro. El que entra en esta relación, lo hace con un sentido de amor profundo, con intención de guardar completa fidelidad, en pureza total. Este compromiso y anticipación forman el fundamento del gozo de la relación. ¿Por qué esperar algo menos en nuestra relación de amor con Dios?

Cuando una relación se convierte en el interés de lo que podemos conseguir de otro en vez del placer absoluto de compartir y dar, esa relación ha perdido el único color verdadero que pueda darle profundidad y realización. La historia del hijo pródigo es una historia clásica judía con una ironía interesante y una grande verdad. La ironía está en el concepto de gracia que volvería al pródigo a la bendición plena de ser hijo. Otra gran verdad tiene que ver con el otro hijo que nunca dejó la casa. Tener la categoría de hijo sin el fundamento de una relación profunda—una que sea rica en gracia hacia el padre y al hermano menor descarriado—es tan malo como ser el pródigo. Ser cristiano en el sentido más completo de lo que propone y provee Dios es la única base de la verdadera adopción con la resultante vida abundante. Los redimidos mismos se vuelven redentores, tanto el hijo como el Padre.

Observa al hermano mayor del pródigo cuando habló ásperamente a su padre: "¡Fíjate cuántos años te he servido sin desobedecer jamás tus órdenes, y ni un cabrito me has dado para celebrar una fiesta con mis amigos!" (Lucas 15:29—NVI). He ahí la tragedia de la iglesia que está llena de cre-yentes inmaduros y poco piadosos. Tal como ese hermano del pródigo, vivimos por debajo de los privilegios de ser hijos. Respondió el padre, "Hijo mío,...tú siempre estás conmigo, y todo lo que tengo es tuyo" (Lucas 15:31—NVI). La verdad le pasó por encima. Estaba jugando un juego, el negocio de la religión, nada más (haciendo=recibiendo). No sabía nada de la verdadera relación de un adoptivo profundamente agradecido (recibiendo=dando, deleite=danzando). La vida de gracia que se halla en el hijo menor es la base también para encontrar la santidad de alta definición—vida perdida, vida recibida de nuevo, una nueva senda de gozo purificador provisto por el Padre.

Satisfacción Preferente

El hermano mayor en la historia del hijo pródigo había pensado y buscado a un nivel por debajo del nivel de la santidad. A menudo nos conformamos con cosas menores y estamos satisfechos con nuestro egocentrismo y victorias huecas. Esto ha sido llamado "satisfacción preferente".[2] Lo que yo prefiero, eso me satisface. Tal actitud es la enfermedad de satisfacción prematura.

A la luz de las gloriosas riquezas de la persona de Dios residente en el Padre, Hijo y Espíritu Santo, este tipo de baja satisfacción no es digna del pueblo de Dios y es la ruina de la vida de la iglesia. Jesús observó a algunos líderes religiosos ofreciendo orgullosamente sus oraciones en público, atrayendo admiración por su práctica piadosa. Estaban recibiendo su galardón: la atención respetuosa de las multitudes. Pero Jesús ofreció un juicio agudo sobre estos "hipócritas"—simplemente, "ellos ya han recibido su galardón" (Mateo 6:2), siendo la atención de la multitud la suma de su galardón. Habría mucho más si simplemente ellos fueran humildes y sinceros.

Lucas relata una interacción fascinante entre Jesús y alguien que se hizo escuchar sobre la mul-titud abrumadora (Lucas 12:1). Completamente indiferente y sin ninguna idea de las ricas verdades que Jesús enseñaba, este hombre elevó su voz pensando en una sola cosa. "Maestro, dile a mi hermano que comparta la herencia conmigo" (Lucas 12:13—NVI). Esto parece razonable para los que buscan "satisfacción preferente", pero Jesús reaccionó diciendo, "¿Hombre, quién me nombró a mí juez o árbitro entre ustedes? ¡Tengan cuidado! Absténganse de toda avaricia; la vida de una persona no depende de la abundancia de

---

2 Término creado por Kevin J. Brown, Profesor Asistente de Finanzas en Anderson University, Anderson, Indiana.

sus bienes" (Lucas 12:14, 15—NVI). Cuántas veces atribuimos a Dios el papel de mediador para nuestros deseos, cambiándolo de nuestro *santificador* a nuestro *suministrador*. Eso abarata nuestra relación con Dios y nos empobrece espiritualmente.

Lo que algunos consideran la respuesta de parte de Dios a nuestras oraciones (como lograr las bendiciones materiales y un sentido de satisfacción emocional), pueden ser nada más que un testimonio al hecho que, como el niño consentido, "me salí con la mía." Tristemente, demuestra la impiedad, arrogancia, y decepción de nuestros corazones y cultura por tal egoísmo. Peor aún, damos la impresión que nos las arreglamos para que Dios lo haga a nuestra manera—como si esto fuera posible.[3]

Hay algo muy malo en cuanto al hecho de que nosotros siendo hechos para Dios, luego nos conformamos con "nuestra manera". Cuando los israelitas comenzaron a desear profundamente y clamar a Dios por carne, acusando a Dios de robarle sus manjares egipcios exquisitos, "Él les dio lo que pidieron, pero les envió una enfermedad devastadora" (Salmo 106:15). Una traducción dice, "Él envió flaqueza a sus almas." Hay veces cuando es posible que salgamos ganadores según nuestra manera egoísta de ver las cosas, pero este tipo de victoria destruye el carácter, integridad, y bienestar interior. ¡Va en contra de la santidad!

En cualquier punto en que nuestras preferencias toman precedencia sobre el pensar, la cultura, y los valores del reino de Dios, atacamos directamente al corazón mismo de la voluntad y el reino de Dios en la creación. Hemos negociado luz por tinieblas insistiendo "hágase mi voluntad en la tierra, y mis preferencias sean satisfechas en la tierra." Necesitamos una santa rebelión (como el hijo pródigo) en contra de la comida de cerdos de que hemos tratado de alimentarnos. Necesitamos una visión y deseo por los colores resplandecientes y vivos de la herencia divina que aún espera nuestro total rendimiento y regreso a la casa al Padre.

---

3   Recuerda la canción popular *"I Did It My Way"* (Me Salí con la Mía) compuesto por Paul Anka y hecho popular por Frank Sinatra, Elvis Presley, y otros.

Los Colores Vivos De Nuestra Herencia

Cuando se trata de la herencia espiritual, lo que debe molestarnos más es tanto lo que muchos cristianos están buscando, como lo que no están buscando. Un incidente instructivo es cuando Jesús fue bautizado en el Río Jordán por Juan el Bautista. Mateo relata que "tan pronto como Jesús fue bautizado, subió del agua. En ese momento se abrió el cielo, y él vio al Espíritu de Dios bajar como una paloma y posarse sobre él. Y una voz del cielo decía: Éste es mi Hijo amado; estoy muy complacido con Él" (Mateo 3:16, 17—NVI). ¡Hermoso! La declaración del Padre Dios, *"Éste es Mi Hijo"* fue en el contexto del Espíritu Santo descendiendo sobre Jesús. Conocer y reclamar la divina relación es el prefacio para ser llenos con la presencia de Dios.

El bautismo de Jesús no fue redentor para sí mismo (Jesús no tenía pecado). Su bautismo con el Espíritu Santo tampoco fue transformador personalmente (Jesús no requería un cambio). El evento fue radicalmente simbólico de lo que más necesitamos nosotros, y lo que debiéramos desear y buscar sobre cualquier otra cosa. Por este acto público, Jesús confirmó que el bautismo significa entrada en la familia de Dios y que, como hijos de Dios, podemos tener la plenitud del Espíritu Santo en nuestras vidas. La presencia del Espíritu sobrepasa todo lo demás que hemos de heredar. No buscamos los "dones" del Espíritu, sino el Don del Espíritu. Cuando viene el Espíritu, así también vienen los dones divinos de servicio que necesitamos para nuestras responsabilidades en el Reino.

Muchos cristianos se contentan con la perspectiva de unirse a una congregación en el bautismo, buscando la emoción de alguna visión dramática del cielo—con tal que no demande un cambio de vida de parte de ellos, un recibimiento del Espíritu Santo que espera y capacita para una vida santa en el Espíritu. Molesto por el "Dios olvidado" (el Espíritu Santo), Francis Chan escribe: "La medida del éxito en los servicios de la iglesia se ha vuelto más la asistencia que el movimiento del Espíritu Santo. Este 'modelo' de entretenimiento para la iglesia fue adoptado mayormente en los años de los '80s y '90s y, aunque aliviara algo de nuestro aburrimiento por un par de horas cada semana, llenó nuestras iglesias con consumidores auto-enfocados en vez de siervos abnegados en armonía con el Espíritu Santo.[4]

No así con Jesús y los primeros discípulos. Al comenzar Jesús a aplicar los vivos colores de la iluminación del Espíritu Santo sobre las mentes y corazones de aquellos primeros seguidores, logró establecer esta pregunta como básica para la iglesia: "¿Recibieron al Espíritu Santo?" El recibir al Espíritu Santo había de ser su vida misma, nueva vida irradiando colores divinos. El Apóstol Pablo habla del "fruto del Espíritu" (Gálatas 5:22, 23) como nuestro adorno primario—los brillantes colores vivos de nuestra heredad en Jesucristo y nuestra preparación para el servicio cristiano.

Nuestra tendencia es pensar de este fruto divino como retoños o agregados a nuestras vidas cristianas, como si por algún esfuerzo propio podríamos adquirirlos en el camino. Sin duda, llevar fruto espiritual requiere nuestro involucramiento—porque Dios no hace nada en nosotros si dejamos de cooperar. Pero lo hermoso del fruto espiritual es que, si ha de tener integridad, tendrá que ser parte de algo más grande que sí mismo. Está conectado a un tipo de árbol en particular con su propio sistema de raíces, sistema de alimentación, y sistema de crecimiento. Las raíces alcanzan hasta el corazón mismo de Dios.

El fruto del Espíritu Santo es como el fruto de un naranjo que, por su propia naturaleza produce naranjas. Por su naturaleza, no puede producir nada sino naranjas. El Espíritu Santo es santo y produce fruto santo porque eso es lo que es el Espíritu. Este no es fruto que se cosecha según nuestros gustos o disgustos. O tenemos el fruto del Espíritu en su totalidad o no tenemos nada, porque esta es la naturaleza del Espíritu Santo en todo tiempo.

Cualquiera que sabe al menos dos idiomas a menudo experimenta frustración cuando traduce de un idioma a otro tratando de encontrar la palabra adecuada que capte a cabalidad lo que el otro idioma dice. Así es como Pablo lucha por una palabra griega para describir el fruto

---

4 Francis Chan, *Forgotten God: Reversing Our Tragic Neglect of the Holy Spirit (*El Dios Olvidado: Revirtiendo Nuestro Descuido del Espíritu Santo) *(David C. Cook, 2009), 15,16.*

(singular) del Espíritu. Lo describe como una clase de fruto amor-gozo-paz-paciencia-bondad-fidelidad-humildad-dominio propio (Gálatas 5:22, 23). Él no está dándonos una lista de varios frutos de los cuales podemos escoger a gusto nuestro. Más bien, "él está dándonos una lista de palabras que encierran el único carácter de una vida llena del Espíritu que él está tratando de describir."[5]

El fruto del Espíritu, al estar presente activamente en nuestras vidas, necesariamente exhibe la naturaleza de la divina santidad de Dios. Una vez más, la santidad es una cosa magnífica, pero nunca puede aparecer selectivamente en nuestras vidas—en que tengamos amor pero no tener gozo, etc. Como con el arco iris, la gama completa de colores no constituiría un arco iris si uno de los colores estuviera ausente del todo. El fruto del Espíritu, como el arco iris, es la plenitud del resplandor de la gloria de Dios. El Espíritu es un calidoscopio de colores, colores de amor, colores de gozo, colores de paz, etc.

Lo que Dios nos dice es sencillo y crítico. Es que esta lista pintoresca es el resplandor natural de la naturaleza misma de Dios y que "¡todo lo mío es tuyo!" Nunca debemos olvidarnos de lo que Pedro dice. Debemos ser los participantes verdaderos de esta asombrosa naturaleza siendo que "por su gran misericordia, nos ha hecho nacer de nuevo mediante la resurrección de Jesucristo, para que tengamos una esperanza viva y recibamos una herencia indestructible, incontaminada e inmarchitable. Tal herencia está reservada en el cielo para ustedes" (I Pedro 1:3, 4—NVI).

Si nos sometemos a la guía y fluir con el mover del Espíritu, si vivimos por el Espíritu (Gálatas 5:25), llegaremos a expresar la vida del Espíritu en la nuestra. El Espíritu Santo en nosotros, como raíz y fuente mismas de nuestras vidas, brotará en fruto pintoresco y delicioso brillando como esmeraldas centelleantes en nuestras vidas, llevando la naturaleza misma de Dios en nosotros. Te invitamos a meditar detenidamente en este fruto del Espíritu. ¿Quién no anhelará tal fruto en su

---

5   E. Randolph Richards y Brandon J. O'Brien, *Misreading Scripture with Western Eyes (*Mal interpretando la Escritu-ra con Ojos Occidentales) (InterVarsity Press, Downers Grove, IL, 2012), 74,75.

matrimonio, en sus familias, entre sus amigos, en sus lugares de trabajo, y en sus tratos con organizaciones, negocios, y gobierno?

¿Cómo sería el mundo si el pueblo de Dios estuviera lleno del fruto del Espíritu y activo en todos los lugares importantes de la sociedad, llevando y compartiendo este fruto? El mundo anhela esta clase de personas, sépalo o no. Todos los días soportamos conductas y actitudes que son demandantes, despectivas, deplorables, y hasta devastadoras. Dios nos dice, Tú puedes demostrar una diferencia en el mundo; tú has de serles mi corazón en todo tiempo, no importa las circunstancias y no importa cómo te traten. Jesús lo dijo así: "Yo soy la vid, y mi Padre es el labrador…Si permanecen en Mí llevarán mucho fruto…y serán Mis discípulos" (Juan 15:1, 6, 8).

Al considerar el fruto del Espíritu, ¿no te produce un hambre por la vida en el Espíritu? Toma y come. Dios ha dicho, *"¡Todo lo mío es tuyo!"* En un mundo oscurecido por abundante fruto podrido, la gente tiene hambre por ver alguien que sea todo lo que Dios declara que uno puede ser. Nuestra oración más urgente, por nosotros y por el mundo que nos rodea, debe ser; Venga el reino de Dios, sea hecha la voluntad de Dios sobre la tierra tal como en el cielo. Que venga el reino de Dios ahora, y en parte mediante nosotros reflejando los colores vivos de nuestra herencia divina.

El Menú Del Cielo

¿De qué trata la familia de Dios? Si somos herederos del reino divino mediante la habitación del Espíritu mismo de Dios, ¿qué responsabilidad heredamos? Sabemos que tiene que ver con la voluntad de Dios siendo hecha en la tierra como en el cielo. Pero esto presenta una pregunta práctica: ¿Cómo se hace la voluntad de Dios en la tierra?

Ciertamente sería hecha a *sabiendas*.

Nadie puede negar que fuera hecha *voluntariamente*.

Sin duda sería hecha *inmediatamente*.

No se cuestiona que fuera hecha *gozosamente*.

¿Quién discutiría si no fuera hecha *completamente*?

Y, dado el Espíritu manso de Dios, sería hecha *con buen gusto*.

Tal como con cualquier fruto, el fruto del Espíritu no es simplemente para exhibición o placer (aunque sí es agradable a los ojos y al corazón); primordialmente es para alimentar y compartir. El fruto divino no solo es salud para nuestras propias almas pero, al llevar este fruto fielmente en el transitar de la vida, llega a ser la fuente de salud para los mundos en que vivimos, trabajamos y jugamos. Este fruto no solo es una satisfacción profunda y deleite para nuestras propias almas, pero un asombro para otros que tienen oportunidad para gustar y ver que es bueno de verdad.

¡Los cristianos han de tener un sabor exquisito! La bondad, como la deliciosa carne que llena un sándwich, está justo en medio de la lista del fruto del Espíritu. ¿Quién podrá negar que no haya nada más sabroso que la bondad? Pero demasiados cristianos se muestran despectivos unos con otros, y muchas veces esta negatividad se derrama sobre los que están fuera de la iglesia. No hay cosa más dañina que esta para la causa cristiana. El Apóstol Pablo recuerda a la iglesia de los Gálatas sobre la primacía de amor al prójimo. Él advirtió que "...si siguen mordiéndose y devorándose, tengan cuidado, no sea que acaben por destruirse unos a otros" (Gálatas 5:15).

Tal como la bondad es la carne en el sándwich santo del vivir cristiano, el amor y el dominio propio son las rebanadas de pan que encierran el contenido del sándwich. Otros ingredientes sabrosos son gozo, paz, paciencia, generosidad, fidelidad, y mansedumbre. El resultado sobrepasa cualquiera cosa disponible en cualquier restaurante humano.

Este es el menú del cielo, y todo hijo de Dios ha de estar disfrutando tan rico banquete lleno de colores.

Tiene que decirse clara y repetidamente: no hay nada más dañino a la difusión del Evangelio de Cristo que supuestos cristianos que actúan de manera contraria al fruto del Espíritu. Yo (Hubert) tengo la maravillosa responsabilidad de asistir a misioneros para cumplir lo que sienten es el llamado de Dios sobre sus vidas. Mi más grande preocupación es que sólo enviemos aquellos que conocen la santidad de Dios en la plenitud del Espíritu Santo, el fuego del Espíritu Santo, el enfoque del Espíritu Santo, y el fruto del Espíritu Santo. Yo (Barry) he sido un educador de líderes cristianos desde hace décadas y he llevado exactamente esa misma carga tanto por la facultad como por los alumnos.

Es imposible llevar el fruto divino consistente y convincentemente sin la presencia purificadora y poderosa del Espíritu Santo. El mundo a que los misioneros, pastores y maestros van, sufre bajo la presencia del pecado y los caminos dañinos de pecadores. Los líderes cristianos tienen que exhibir un color diferente y tener un sabor diferente, trayendo gloria y honor al Padre.

El Honor Familiar

En tanto que nuestra oración más urgente debe ser "venga tu reino, hágase tu voluntad en la tierra como en el cielo," esa oración tiene que estar basada en "Padre nuestro… en el cielo, santificado sea tu nombre." Ser un miembro de la santa familia de Dios incluye la carga por el honor a la familia. El concepto de la santidad, tal como los hijos de Israel lo concebían fue aguzado en la cultura de honor y vergüenza del Medio Oriente, quienes perciben las cosas de forma distinta que nuestra cultura actual de culpabilidad e inocencia. Los judíos (La Biblia) comprendían el honor en maneras que a veces nosotros luchamos para comprender.

> Confianza, abrigada totalmente con el calor de paz, fácilmente pasa de gratitud por la ayuda del Padre a la bendición de compartir la casa y la santidad del Padre.

Dios puede ser más "del Medio Oriente" que "del Occidente" en algunas maneras. Desde el punto de vista de Dios, los eventos y la gente triunfan sobre el tiempo, así mismo con las relaciones. La gente siempre ha de ser valorada más que el reloj y el calendario. Si los cristianos quieren lograr éxito en el mundo secularizado de hoy en día, tienen que aprender a apreciar a la gente y los eventos que son de importancia para ellos. Mientras los americanos miran nerviosamente a sus relojes y "Smart phones", otras culturas prestan mayor y más relajada atención a la persona.

Y así es en el asunto de honor y vergüenza. En la cultura bíblica, desde los días de Adán y Abraham y, en delante a través del período tanto del Antiguo como del Nuevo Testamento, el honor era un asunto inmenso. Por eso, es imposible ignorar este sentido de valor altamente estimado en el concepto total de la santidad. El ser santo involucra el honrar a un nombre y una comunidad.

La Santidad Honra Un Nombre

La Biblia está repleta de lenguaje y alusiones de honor. Fíjate en unas pocas:

> Levítico 22:2. "Di a Aarón y a sus hijos que se abstengan de las cosas santas que los hijos de Israel me han dedicado, y no profanen mi santo nombre."
>
> Salmo 103:1. "Bendice, alma mía, a Jehová, y bendiga todo mi ser su santo nombre."
>
> Isaías 29:23. "Porque verá a sus hijos, obra de mis manos en medio de ellos, que santificarán mi nombre; y santificarán al Santo de Jacob, y temerán al Dios de Israel."
>
> Lucas 1:49. "Porque el Poderoso ha hecho grandes cosas por mí. ¡Santo es su nombre!"

Mateo 6:9. (Por supuesto, la oración el Padre Nuestro nos dirige que oremos: "Padre nuestro, que estás en el cielo, santificado sea tu nombre."[6]

Cuando Jesús respondió a la petición de los discípulos que les enseñara cómo orar, Él tomó aquél eterno pincel divino y pintó el cuadro perfecto de lo que es dar honor con humildad.

"Ustedes deben orar así: 'Padre nuestro que estás en el cielo, santificado sea tu nombre.'" Detente y mira este cuadro. Jesús salpica audazmente el color más vivo que puede existir sobre el lienzo. ¡Santo sea el nombre de Dios! Este color no es simplemente algo que declarar reconociendo a Dios como el Santo con nuestras palabras. Cualquiera persona puede hacer eso. Este color es algo que *demostrar*. La palabra "santificado" está en voz activa, queriendo decir que por nuestras mismas vidas hemos de santificar o hacer conocido como santo el nombre de Dios. Sólo corazones que han sido tocados con el pincel y los colores de la santidad de Dios pueden honrar al santo Dios de esta manera alta y santa.

Hay una reacción descriptiva en español que a menudo se usa con un niño que se porta mal. Alguien apunta el dedo al niño y clama, "*¡Mal criado!*" Se toma literalmente que fue criado mal. Lo interesante es que esta reacción enfoca más a los padres que al niño. El hijo está rebajando a los padres con su mal testimonio de vida. ¡Cuántas veces esto se hace con el nombre de Dios! Algunas veces la gente se niega asistir a la iglesia por la mala conducta de alguien en la iglesia—el nombre de Dios ha sido deshonrado. Por otro lado, un niño puede traer honra a los padres por su buena conducta. Esto está implicado en el mandamiento "honra a tu padre y a tu madre". Así como hijo con sus

---

6   Para un comentario contemporáneo sobre el Padre Nuestro, ver Barry I. Callen, *The Prayer of Holiness-Hungry People: A Disciple's Guide to the Lord's Prayer* (La Oración de Personas Con Hambre por la Santidad: Una Guía para el estudio del Padre Nuestro para un Discípulo) (Francis Asbury Press, 2011, especialmente páginas 31-48.

padres, nuestras vidas han de hablar bien de Dios—trayendo honor al nombre divino por nuestras vidas—en palabra y en hecho.

El mejor regalo que un pariente puede dar a sus hijos es infundir en ellos este sentido de honor, no por fuerza, sino por el verdadero respeto ya ganado en amor y disciplina diarios tan esenciales en la vida de un niño. Cuando llegue el tiempo para que este niño responda a la voz de Dios esto hará más fácil que lo haga con un sentido de honor. A un niño que no le han sido infundidos estos ingredientes básicos para el verdadero honor, o a quien le ha sido permitido mantener actitudes de rebelión ego-céntricas hacia la autoridad, a él le espera una más grande batalla para someterse a los caminos de Dios.

¿Podría ser la razón por las actitudes cada vez más irrespectuosas y arrogantes hacia los valores espirituales tan predominantes hoy día, el hecho que los padres no conocen ni practican el arte de ser padres? ¿Podría ser ésta una de las razones por la terquedad y falta de disciplina que domina mucha de la experiencia cristiana, inclusive entre los que se consideran buenos y res-ponsables cristianos? George Barna elabora una conclusión alarmante de su mucha investigación:

> Literalmente decenas de millones de cristianos americanos le han negado a Dios Su lugar legítimo sobre el trono de nuestras vidas y se niegan a rendir control de nuestras vidas para que nosotros, no Él, pueda reinar supremamente, todo bajo la cobertura de ser "buenos y responsables cristianos". Tú y yo nos hemos convencido que nuestra incapacidad para...entregar a Dios el control total de todos los aspectos de nuestras vidas es una falla natural y común, una debilidad que es tanto predecible como esperada...a pesar de todas la actividades que recomendamos para nosotros mismos o las verdades teológicas que conocemos y creemos intelectualmente....[7]

---

7 George Barna, *Maximum Faith* (La Fe al Máximo) (Metaformation, Inc., 2011, xiiv.

Lo que enseña Jesús en la primera parte del Padre Nuestro es que los resultados de la investigación de Barna no deben ser, ni tienen que ser así. El mundo debe ser capaz de ver la vida de un cristiano y, por ello, animarse a glorificar al Padre. He ahí el corazón de lo que Jesús dijo al declarar, "Ustedes son la luz del mundo. Una ciudad en lo alto de una colina no puede esconderse. Ni se enciende una lámpara para cubrirla con un cajón. Por el contrario, se pone en la repisa para que alumbre a todos los que están en la casa. Hagan brillar su luz delante de todos, para que ellos puedan ver las buenas obras de ustedes y alaben al Padre que está en el cielo" (Mateo 5:14-16—NVI). Nuestra debilidad "predecible" no tiene que ser "la última palabra". Los numerosos escándalos sexuales en que los sacerdotes Católicos Romanos están involucrados presentan un testimonio muy devastador al mundo. Los protestantes, desafortunadamente, a menudo no han hecho mucho mejor.

> El mundo debe ser capaz de ver la vida de un cristiano y, por ello, animarse a glorificar al Padre.

¡Luz! ¡La luz gloriosa de la santidad de Dios está disponible! ¡No hay cosa más atractiva que llevar los colores divinos con honor—trayendo honor/gloria/bendición a Dios! ¿Cómo podemos nosotros, afirmar ser hijos de Dios, quedar satisfechos deshonrando a Dios por nuestra mala conducta, atreviéndonos a hacerlo como por naturaleza, pero aun así, "en Su nombre"? Hay un veneno mesclado en la olla de mucho de la teología contemporánea—un veneno tan antiguo como el que vino de la serpiente en el Huerto de Edén. Nos hace pensar que podemos pecar y no morir, que podemos arrepentirnos y no cambiar, que podemos llevar fruto malo y bueno al mismo tiempo y aun así, glorificar a Dios. Esta es una contradicción horrorosa al significado fundamental de "Santificado sea Tu nombre." Es caminar dando las espaldas al camino de la santidad.

Recuerda que Pablo dice, "Porque somos hechura de Dios, creados en Cristo Jesús para buenas obras, las cuales Dios dispuso de antemano a fin de que las pongamos en práctica" (Efesios 2:10—NVI). A Dios le gusta exhibir Su obra, sabiendo cuándo algo es "muy bueno" y digno de ser visto (Génesis 1:31). Dios va más allá de condenar al mundo caído; Dios determina que el mundo podrá echar un vistazo a Su pueblo, lleno del Espíritu, no para difamar al mundo sino para causarles que vean su gloria divina, una gloria redentora disponible amorosamente para todos. Aquí hay una traducción hermosa de algunas palabras importantes de Jesús a Sus discípulos: "Ustedes están aquí para ser luz, exhibiendo los colores de Dios en el mundo. Él es el Maestro Pintor y se deleita en descubrir todo para la vista de todos… Dios no es un secreto que hay que guardarse. Vamos al público con esto, tan público como es una ciudad sobre una colina. Si yo les hago portadores de luz, no van a pensar que voy a esconderles debajo de un balde, ¿verdad? Les pongo sobre una mesa" (Mateo 5:14-16 Versión El Mensaje).

Francamente, si Dios no hubiera sido tan intencionado en exhibir uno de Sus mejores "retratos", Job habría estado muy bien. Todo iba en su favor, no porque lo hacía "a su manera", sino porque lo hacía a la manera de Dios. Pero, como ocurrió, cuando Satanás apareció ante Dios, Dios mencionó el nombre de Job diciendo, "¿No has considerado a mi siervo Job, que no hay otro como él en la tierra, varón perfecto y recto, temeroso de Dios y apartado del mal?" (Job 1.8).

¡Estas son palabras asombrosas! Job fue declarado una poesía santa que reflejaba la hermosura del Divino. Sin embargo, Satanás estaba convencido que ningún hombre podría ser santo, especialmente bajo presión. Entonces él replicó con propósito diabólico, "Pero extiende ahora tu mano y toca todo lo que tiene, y verás si no blasfema contra ti en tu misma presencia" (Job 1:11). Pronto se desencadenó todo lo malo para la vida de Job, y se empeoró cuando él no sucumbió ante los propósitos de Satanás.

Después de pérdidas devastadoras, Dios volvió a dirigir la atención al nombre de Job ante Satanás. Como un padre orgulloso jactándose de su hijo, Dios volvió a declarar la rectitud de Job (Job 2:3). Esto provocó a Satanás sobremanera. Satanás no podía dar su brazo a torcer y permitir que un solo hombre deshiciera la mentira que él había creado en las mentes de hombres y mujeres—que nadie puede ser justo o puro (Job 4:17). ¡Quién mejor para destruir la afirmación de la santidad de Job que sus "amigos"! Ellos armaron esta guerra contra la pureza e integridad de Job, acusando, culpando, y menospreciando a Job con argumentos sin fin. Aun así, *"en todo eso, Job no pecó contra Dios."* Hizo su defensa, diciendo, "Mas Él conoce mi camino; me probará, y saldré como oro. Mis pies han seguido sus pisadas; guardé su camino, y no me aparté" (Job 23:10, 11).

Dios nunca acusó a Job de pecado, tratando con él sólo en cuanto a su falta de comprensión de algunos asuntos importantes—la santidad, por supuesto, no es lo mismo que la comprensión plena. Mientras Dios afirmaba el asunto de la pureza de Job, Él mismo le mandó ofrecer un sacrificio *por sus amigos acusadores.* ¡Esta fue una muestra de la santidad viviente en todo su esplendor, belleza, y color, explotando en rayos de honor desinteresado! Finalmente, se dio la evidencia abrumadora del *Shalom*—todo está tal como debe ser porque Dios es reconocido humildemente como el soberano reinando sobre el trono divino.

La pureza y amor de Job son la esencia de lo que el Apóstol Juan declara en I Juan—que el pecado y una relación con Dios están en contraposición lo uno con lo otro. En verdad, "el que afirma que permanece en él, debe vivir como él vivió" (I Juan 2.6—NVI). Juan no tenía un ápice de paciencia para con aquellos que hablan mucho de Jesús sin tomar la naturaleza de Jesús. "Si afirmamos que tenemos comunión con Él, pero vivimos en la oscuridad, mentimos y no ponemos en práctica la verdad" (I Juan 1:6—NVI). El hecho es que "el que ha nacido de Dios no está en pecado" (I Juan 5:18—NVI).

Yo (Hubert) tuve el privilegio de hacer algunos estudios de posgrado en el Institute of Holy Land Studies (Instituto de Estudios de la Tierra Santa) (ahora Jerusalem University College) en Jerusalén, Israel. Había grupos de estudiantes de universidades cristianas que visitaban por períodos de una semana o de un mes a la vez. Fui invitado por uno de estos grupos a participar en un estudio de I Juan. Al estudiar los pensamientos de Juan sobre la santidad, un hombre joven, preocupado por lo que decía Juan, finalmente declaró lo que muchos estaban sintiendo. Dijo, "Esto no es lo que me han enseñado." Finalmente abandonó el estudio por la "confusión". El estudio contradecía lo que habían sido enseñados toda la vida. ¡Trágico! Una carta tan hermosa, llena de promesa y posibilidad, y sin embargo, tantos la ignoran, la marginan, o reinterpretan. Esta enseñanza de "Santificado sea tu nombre" no debería ser una carga, sino un privilegio.

La Santidad Honra a la Comunidad

El tema de la "comunidad" es un tema difícil en nuestra cultura actual en que la independencia es altamente valorada. Pero, la comunidad juega un papel vital en la revelación y cultura bíblicas. Pecar contra Dios es pecar contra la comunidad de Dios. Un hombre como Acán (Josué 7) pagó un precio alto y causó que la comunidad pagara un precio alto por su acción anti-grupo. También la santidad de la comunidad era una parte vital en el pensamiento del Nuevo Testamento. Ningún creyente ha de ser independiente de la comunidad de fe, y todos han de honrar la comunidad con actitudes y acciones constructivas.

> La santidad inspira y abraza un verdadero arco iris de la humanidad, en que color, tribu raza, y cultura se destacan, pero nunca son permitidos a ser un factor divisivo.

Esto se ve en lo que Pablo escribió a la iglesia en Corinto. Una verdad que ahora tendemos a personalizar es I Corintios 3:16—NVI: "¿No saben que ustedes son templo de Dios y que el Espíritu de Dios habita en ustedes?" Hacemos lo mismo con I Corintios 6:18-20—NVI: "Huyan de la inmoralidad sexual. Todos los demás pecados que una persona comete quedan fuera de su cuerpo; pero el que comete inmoralidades sexuales peca contra su propio cuerpo. ¿Acaso no saben que su cuerpo es templo del Espíritu Santo, quien está en ustedes y al que han recibido de parte de Dios? Ustedes no son sus propios dueños; fueron comprados por un precio. Por tanto, honren con su cuerpo a Dios."

Estas palabras de Pablo a la iglesia en Corinto fueron escritas usando el pronombre *plural* (no singular). En otras palabras, no fueron escritas para enfatizar la vida individual, sino el *cuerpo de creyentes*. Pablo hacía hincapié en que la iglesia debe ser el santuario de Dios, y esta comunidad tiene la responsabilidad de protegerse disciplinando al miembro impuro para el bien de ese miembro y el bienestar de todo el cuerpo. El punto de vista de Pablo, en efecto, era, piensa en el *cuerpo* = pueblo. ¡Piensa en el *cuerpo!* = Honra el cuerpo. El creía en la santidad colectiva como un testimonio al mundo de la unidad, amor y pureza cristianos. Enseñaba que la iglesia protege su cuerpo juzgando a sus miembros (5,6), reinando en sus miembros (8-10), ordenando a sus miembros (11-14), y recordando a sus miembros (15, 16).

Jesús vio a las multitudes como "agobiadas y desamparadas" (Mateo 9:36). Sabía que tenía que enviar al mundo obreros que serían una clase diferente de comunidad—una no centrada en "mí", sino en "otros"— cristianos dispuestos a "no hacer nada por egoísmo o vanidad, más bien, con humildad consideren a los demás como superiores a ustedes mismos. Cada uno debe velar no sólo por sus propios intereses sino también por los intereses de los demás. La actitud de ustedes debe ser como la de Cristo Jesús" (Filipenses 2:3-5—NVI). Esto es radical. La santidad siempre lo es. Y esto requiere una obra radical de Dios en el alma. La santidad siempre lo hace. Crea una nueva humanidad—una nueva comunidad—un pueblo que no está introvertido (hacia sí mismo) pero extrovertido (todo para otros). La santidad inspira y abraza un verdadero arco iris de la humanidad, en que el color, tribu, raza, y cultura se destacan, pero nunca se les permite ser un factor divisivo (en efecto, son enriquecidos mutuamente). Este es el alto llamado de la iglesia. La santidad es el corazón mismo de este llamado—produciendo un gran cambio en el alma de *"yo"* a *"nosotros"*. Y requiere el "nosotros", trabajando en armonía unos con otros y Dios, para hacer el trabajo. Sólo la santidad de Dios en el alma de la comunidad cristiana puede hacer eso. Este es el honor más alto porque honra a Dios y a la novia de Cristo—la iglesia.[8]

Una congregación pequeña en la parte central del Estado de Indiana siempre disfrutaba su "noche de talento" mensual. Su programa proveía a todo mundo una oportunidad para "salir del claustro" con sus varias habilidades y dones, haciendo que todos se sientan parte del cuerpo.

---

8   Ver Steve DeNeff y David Drury, *Soul Shift: Outcomes of a Life Transformed by Christ* (Conversión del Alma: Resultados de una Vida Transformada por Cristo) (Wesleyan Publishing House, Indianapolis, Indiana 45250, 2011), 125.

En una de esas noches de talento, una señorita, estudiante en el colegio subió a la plataforma con su trombón. Explicó que iba a tocar una parte que había tocado en la banda del colegio. Ahí es cuando se vuelve interesante. Mientras tocaba, regularmente pararía para dar unos golpecitos con el pie por unos segundos, tocar dos o tres notas, luego parar, y volver a dar golpecitos con el pie. Siguió, y siguió, pero cada vez eran más los golpecitos del pie que las notas del trombón, mientras su parte en la composición descansaba, y el resto de la banda tocaba (si hubiera estado ahí).

Por no decir cosa peor, esta "ejecución" pareció y sonó muy rara, y enseguida se volvió motivo de risa. Nadie quería avergonzar a la señorita, pero no se pudo menos—la congregación comenzó a reírse. Esto es como cualquiera de nosotros parecería y sonaría cuando nos aislamos del cuerpo a que pertenecemos. Es imposible declararlo con suficiente claridad—la espiritualidad personal solitaria "no es nada más que el paganismo de la nueva era a menos que sea relacionada con el cuerpo de Cristo. Dicho de otra manera, puede ser gran espiritualidad, pero jamás será cristianismo."[9]

El enfoque de la iglesia de hoy debe ser el honor de la comunidad. Si tenemos la esperanza del cielo para el futuro, debemos guardar en corazón y mente el honor de la actual novia de Cristo—la iglesia. Esto es claro: "El cielo no tiene que ver contigo ni conmigo individualmente, sino con nosotros colectivamente…. El individualismo y el cielo no son compatibles…. El cielo no es un lugar en que tus sueños más extravagantes de realización personal se cumplen—algo así como sacar un pescado con cada redada o ganar cada vez cuando juegas un juego de video. Estas son nociones paganas del cielo. El cielo tiene que ver con hacerse un pueblo. El cielo derretirá nuestro individualismo testarudo para fusionarnos en un grupo—la novia de Cristo. La iglesia que va al cielo será, no sólo un montón de creyentes individuales. Es

---

9 Keith Drury, *There is No "I" in Church: Moving Beyond Individual Spirituality to Experience God's Power in the Church* (No Hay "Yo" en la Palabra " Iglesia": Más Allá de la Espiritualidad Personal a Experimentar el Poder de Dios en la Iglesia) (Wesleyan Publishing House, 2006), 22.

por eso que los que rechazan la iglesia no pueden llevar el título de cristianos. No se derretirán. No se fusionarán en novia."¹⁰ La santidad personal no puede realizarse aisladamente. No puede ser desconectada del cuerpo—la iglesia.¹¹

Juan Wesley era uno que creía firmemente en la protección de los miembros mediante la vida corporativa. Él promovía lo que algunos ahora llaman "grupos de respondabilidad". El poder de tales grupos para estimular la fe individual e intensificar la integridad de la comunidad entera se considera la razón principal porque la influencia de Wesley y su movimiento continuara crecien-do por muchas generaciones después de su muerte. El genio de Wesley para organizar a los buscadores y los creyentes jóvenes, su modelo de "hacer discípulos" dentro del cuerpo general de la iglesia es una clave que hace falta en la mayoría de las congregaciones hoy día.¹² Pablo instruía "Ámense los unos a los otros con amor fraternal, respetándose y honrándose mutuamente" (Romanos 12:10—NVI). Este es el significado más profundo del amor ágape—honrando a otros como reflejo de la elección de Dios de honrarnos a nosotros.

Aquel que "nos escogió en Él antes de la creación del mundo, para que seamos santos y sin mancha delante de Él en amor" (Efesios 1:4) está redimiendo nuestros derechos de linaje haciéndonos hijos e hijas de Dios y los unos de los otros. Dios dice, "Todo lo mío es suyo—para su beneficio mutuo." Nosotros que hemos sido "nacidos de nuevo" hemos sido nacidos de nuevo en una familia de fe. Hemos de gloriarnos en la gran adopción, en heredar y nutrir el resplandor, ¡y hacerlo *juntos!*

Hay demasiado pesimismo en la comunidad cristiana. La gente oye regularmente desde el púlpito que Cristo manda a cada creyente a

---

10

11 Este punto está bien elaborado por Steve DeNeff y David Drury, *Soul Shift* (Conversión del Alma), 125-140

12 Vea D. Michael Henderson, *John Wesley's Class Meeting: A Model for Making Disciples* (Las Reuniones de Clase de Juan Wesley: Un Modelo Para Hacer Discípulos) (Evangel Publishing House, 1997).

amar a Dios y a otros de la manera y al grado que Dios nos ama—incondicional y sacrificialmente. Sin embargo, al haber oído tal mensaje, a menudo se hacen algunas de estas preguntas: ¿Es posible hacer eso? ¿No estaba Jesús exagerando la situación? ¿No somos sencillamente unos humanos pecaminosos? Sí, somos pecaminosos; sí, por nuestra propia cuenta somos muy incapaces de vivir la vida a la que Cristo nos llama; y sí, ¡*sin embargo la santidad es posible!*

Recientemente Dennis Kinlaw expresó su gratitud por Juan Wesley aclarando algo muy importante. Los mandamientos de Dios también son promesas *implícitas* de Dios. "Si Dios me manda tener un corazón puro, es porque Él tiene el poder para purificar mi corazón. Se me manda a vivir sobre el pecado consciente, quiere decir que Él puede guardarme allí; me capacita para no pecar. Sus mandamientos son promesas que Él hará en mí todo lo que yo necesito que Él haga. Sus mandamientos no son cargas, sino *invitaciones* a la *libertad*."[13]

---

13 Dennis Kinlaw, *Prayer: Bearing the World as Jesus Did* (Oración: Cargando al Mundo Así Como Cristo) Francis Asbury Press, 2012), 43 Énfasis añadido.

CAPÍTULO 7

¡LA SANTIDAD VUELVE A RESPLANDECER!

La Escritura enseña claramente que la santidad de corazón y vida no es solamente posible en esta vida, sino que es necesaria, y es hecha posible por la gracia de Dios para todos los que responden por fe a ese llamado claro de Dios. Las iglesias de hoy necesitan esta respuesta para su propia integridad y crecimiento. ¡Está ocurriendo—aunque lenta y parcialmente—para la gloria de Dios!

Hemos izado en alto la bandera de la santidad cristiana en los capítulos anteriores. Lo que hemos aprendido es que la santidad, en vez de ser marginada en las Escrituras, se encuentra centralizada en ellas. En este último capítulo, esperamos demostrar que la santidad está volviendo a su curso, al camino recto en la iglesia de hoy. El entendimiento bíblico correcto es vital y la conciencia teológica bien informada es altamente deseable. Aun así, un corazón y una vida transformados en santidad son fundamentales sin importar la madurez o la educación que tenga el creyente.

Nuestra oración es que este capítulo final nos ayude a volver a creer, nos cause volver a tener esperanza, y estimule a buscar, inspirándonos a volver a confiar y levantar la vista para ver el arco iris de la santidad de Dios. La santidad puede volver a resplandecer en nuestras vidas y volver a traer vida a nuestras iglesias.

Sabemos que el camino para la iglesia es áspero y el devenir del mundo se mueve en todas direcciones a la vez. El lenguaje de la santidad se ha vuelto algo popular de nuevo, tal como el concepto de "espiritualidad" se pone de moda en la cultura. Una fuerza motriz ha sido los fracasos morales y éticos devastadores de algunos líderes cristianos prominentes durante los últimos años, los cuales han hecho que el tema surja a primer plano de preocupación pública, tanto como al menosprecio del público. Por los medios de comunicación oímos más de sacerdotes violando a jovencitos que de creyentes humildes viviendo desinteresadamente para el beneficio de otros. ¡La santidad tiene que volver a resplandecer!

El Pecado No Es Aceptable

Es alarmante reconocer cuán amigables los cristianos se han vuelto con el pecado. Hasta que haya una profunda repulsión y "santa rebeldía" contra su presencia en nuestras vidas, continuaremos viviendo en un plano inferior. Cuando "nuestros cuerpos se estiman como meros instrumentos de nuestras voluntades racionales autónomas, la repugnancia puede ser la única voz que queda para defender el corazón de nuestra humanidad. Superficiales son las almas que han olvidado cómo temblar."[1]

Nadie negará que la vida sería mejor si la verdadera santidad gobernara la tierra. Todos nosotros nos sentimos incómodos por la realidad

---

1 Leon R. Kass, "*The Wisdom of Repugnance*," (La Sabiduría de Repugnancia) Ensayo en *The New Republic*, June 2, 1997. 17-26.

del pecado entre los "santos". La mayoría de los cristianos sensibles saben que no debe ser así, entonces tratamos de contestar a tal situación con una dosis de seminarios y literatura sobre cómo ser más santos en nuestro caminar cristiano. Esto es recomendable porque a lo menos enfoca el mal sabor que la impiedad deja en nuestras bocas. La verdadera santidad tiene que ser un asunto de cambio de carácter real, una obra de la gracia divina en nuestros corazones, de otro modo, no hará la diferencia necesitada.

N. T. Wright introduce el concepto de "transparencia completa" como una necesidad de enfocar sobre el aspecto del carácter, es el patrón del modo de pensar y actuar que penetra a alguien, como la marca que corre a lo largo de una barra de Brighton Rock. No importa cuánto comas de esta barra de dulce inglés, aún puedes distinguir la marca porque penetra toda la barra.[2] Encuentras esta misma idea en el pensamiento del Apóstol Pablo: "Que Dios mismo, el Dios de Paz los santifique (hacerlos santos) por completo" (I Tesalonicenses 5:23), literalmente, "hasta la médula". Eso suena como algo que afectaría el carácter significativamente.

La santidad definitivamente es asunto del corazón y de nuestro carácter mismo. He allí el meollo del asunto. Jesús puntualizó esta verdad al decir, "de la abundancia del corazón habla la boca" (Mateo 12:34) y ("pero lo que sale de la boca viene del corazón y contamina a la persona. Porque del corazón salen los malos pensamientos, los homicidios, los adulterios, la inmoralidad sexual, los robos, los falsos testimonios y las calumnias" (Mateo 15:18, 19—NVI). Este pensamiento revolucionario se encuentra tanto en el Antiguo testamento como en el Nuevo. Los escritores bíblicos consistentemente subrayan eso como pensamiento correcto. Si la santidad no es asunto del corazón, los resultados eventualmente serán acciones y actitudes impías, las mismas cosas que censuramos en nuestras iglesias hoy día.

---

[2] N. T. Wright, *After You Believe: Why Character Matters* (Después que Crees: Por Qué Importa el Carácter) (Harper Collins, 2010), 27

Es descorazonador escuchar a teólogos y los que pretenden ser teólogos, criticar la mala vida, aun formulando el caso por la necesidad de vivir santamente, y al mismo tiempo hablar de "santos pecaminosos" como cosa inevitable y por eso aceptable. Nos hemos convencido de nuestra inhabilidad, aún con la gracia asistente de Dios, de entregar a Dios el control total de todos los aspectos de nuestras vidas. Esta posición determinista es que el pecado continuo es un defecto natural y común, un resultado incambiable de la caída de Adán y Eva, una debilidad que es tanto predecible como esperada aún entre los creyentes cristianos más sinceros.

La historia de David y Goliat es acerca de lo bueno que vence lo malo. Pero, según mucha de la teología actual, el hecho patético entre cristianos es que muchos de nosotros nos relacionamos mejor con otra historia, la de Saúl y Goliat. Goliat, un gigante intimidador, había desafiado a los israelitas a batirse en un duelo que él esperaba ganar sin dificultad. En vez de poner su fe y confianza en el Dios quien podría darles la victoria, Israel capituló ante el sistema de confianza de Goliat. Saúl era culpable en parte por este razonamiento malo. La Biblia dice "Oyendo Saúl y todo Israel estas palabras del filisteo, se turbaron y tuvieron gran miedo" (I Samuel 17:11). Habían llegado a la conclusión que ganar una batalla determinante contra Goliat fuera imposible. Asimismo, el pueblo de Dios hoy día tiene la tendencia a aceptar el pecado como la triste *necesidad* en sus vidas.

La plena verdad es que cuando aceptamos que la victoria es imposible, el fracaso es inevitable –y lo que es inevitable es predecible. Así, "pecamos en palabra, pensamiento y hecho todos los días." Numerosos libros declaran alguna clase limitada de victoria en Cristo mediante la gracia, pero una victoria que ofrece sólo una ligera esperanza de avance espiritual en esta vida. A lo mejor, es una victoria parcial. Goliat simplemente es demasiado grande. La tragedia es que hemos hecho de la derrota espiritual cosa inevitable y casi aceptable. Declaramos una victoria teórica en Cristo mientras dudamos el significado completo de esta victoria para nuestras vidas cristianas diarias.

Esta es una discrepancia incómoda que hemos tragado. Es lo que Dallas Willard llama la "disyuntiva" entre fe y vida. Debemos sentirnos molestos por esto y hacer preguntas como estas: ¿Pensamos que Dios no nos da nada que realmente influye en nuestro carácter mismo? Realmente, ¿podemos creer que Dios establecería un plan para Sus hijos que evita silenciosamente las necesidades atemorizantes de la vida humana presente? ¿Por qué es tan débil la iglesia de hoy? ¿Por qué los cristianos no se distinguen del resto del mundo?

Estas son preguntas importantes. La reacción de Willard es asombrosa para la cultura cristiana actual. Él escribe, "¿No debemos siquiera considerar la posibilidad que este resultado tan pobre no es a pesar de lo que enseñemos y cómo enseñemos, sino precisamente por causa de ello?...Una vez que comprendamos la desconexión entre el mensaje corriente y la vida ordinaria, los fracasos...por lo menos tienen cierto sentido.... El Evangelio corriente...llega a ser 'un evangelio de manejo del pecado' (el perdón es lo único que importa). La transformación de vida y carácter no es parte del mensaje redentor."[3] ¿Es esto aceptable? ¿Es esto lo único que hay? ¡Necesitamos que la santidad vuelva a resplandecer!

Charles Schulz, en una de sus famosas caricaturas de "Peanuts", revela a Pig Pen y Schroeder jugando juntos en la tierra con sus juguetes. Pig Pen dice, "Creo que ya es tiempo para ir a casa para ducharme." Schroeder responde con interés, diciendo, "¿Vas a lavarte, eh, Pig Pen?" "Bueno," dice Pig Pen, "He aprendido a jamás esperar mucho de una ducha. Tengo que quedar-me satisfecho si hace caer el polvo."

¿Tenemos que ser cristianos "Pig Pen" con nuestros pecados perdonados mientras otros pecados más siguen acumulándose para la próxima ducha? O, ¿somos como el muchachito cuya madre le estaba dando una buena cepillada insistiendo que debía quedar bien limpio? Él clamó, "¡Mamá. Eso me duele!" "Tengo que limpiarte" explicó ella. A lo que él respondió, "¿No sería posible sólo quitarme el polvo?" Tantos de nosotros pensamos que Dios quedará satisfecho con—tal vez sólo es capaz de—una sacudida de nuestras vidas pecaminosas.

---

3   Dallas Willard, *The Divine Conspiracy: Rediscovering Our Hidden Life In God* (La Conspiración Divina: Volviendo a Descubrir Nuestra Vida Escondida En Dios) (Harper CKollins Publishers, New York, NY, 1998), 39, 38.

Hay un libro notable por Thomas Upham antedatado de 1858. Recuerda la vida y testimonio de un gran santo cristiano de los años 1400 de nombre Madame Catharine Adorna. Upham, comentando sobre el hecho de su santidad, dice, "Muchos tienen una esperanza débil del cielo, como de algo oscuro a la distancia; pero pequeño es el número de aquellos (y ella era una de este número pequeño) quienes pueden hablar de un cielo interior y de victoria presente."[4] Él exhorta que leamos más que las numerosas biografías de personas que tenían visión baja de lo que es posible alcanzar espiritualmente. No hemos de quedarnos con la impresión que no se puede esperar ni vale la pena buscar un mejor estado de cosas en esta vida presente.

Si no fuera por la fecha de publicación, pensaríamos que Upham está hablando de la iglesia del siglo veintiuno al decir, "Y cualquiera que sea la causa, tiene que admitirse como una declaración general que las expectaciones de la iglesia en el presente, en relación con la santificación presente y la resultante paz de tal santificación, son muy bajas. Y lo que es aún más doloroso, la debilidad de sus esfuerzos, como sería de esperarse naturalmente, parece corresponder a la naturaleza humilde de sus expectativas."[5]

¡Dios rehúsa bajar el nivel de expectación! Su propósito no es nada menos que nuestra transformación en la imagen de Jesucristo. Este propósito de muy alto nivel no ha de oprimirnos ni deprimirnos a nosotros los débiles humanos. Dios sabe lo que no podemos hacer por nosotros mismos, pero hemos de enfocarnos en lo que necesitamos y en lo que Él puede hacer para nosotros. Dios tiene confianza en nosotros—y Su gracia purificadora es más que suficiente.

Nate, sintiendo la dirección clara de Dios en su vida para asumir un nuevo desafío, renunció a su cargo muy exitoso como director de una escuela secundaria local para involucrarse en un esfuerzo innovador llamado "El Cruce"("The Crossing"), un programa alternativo para

---

4   Thomas C. Upham, *Life of Madame Catharine Adorna* (La Vida de Madame Catharine Adorna) (Reeditado por Forgotten Books, 2012), 16.

5   Ibid, 14,15

estudiantes de high school que han sido expulsados de la escuela pública por infracciones e incumplimientos severos). Este programa busca intencionalmente a estos muchachos, animándoles a seguir sus estudios, requiriendo notas altas para aprobar las asignaturas. Los maestros dedican tiempo de calidad con todos los alumnos. Los resultados dan prueba de que cuando alguien presta atención personal a la necesidad de un estudiante, y se niega a bajar las expectativas para acomodarse al mal comportamiento, sino, más bien, eleva las expectaciones, hay un espíritu humano, dado por Dios que responde.

¿Sería posible que, si pudiéramos cambiar el constante tamboreo por la inevitabilidad del pecado y comenzar declarando el gran propósito y habilidad de Dios, los cristianos comenzaríamos a levantarnos a una mayor expectativa de realización y práctica de vida espirituales. Tenemos que dejar de rendirnos a la voz de derrota y escuchar al Apóstol Pablo: "¡Soy un pobre miserable! ¿Quién me librará de este cuerpo mortal?" (Romanos 7:24). ¿La respuesta? "¡Pero gracias a Dios, que nos da la victoria por medio de nuestro Señor Jesucristo!" (I Corintios 15:57). Esta voz de alta esperanza resuena por toda la Biblia y está siendo traída a nuestros tiempos por el Espíritu.

El Camino de la Santidad Es Posible

Una de las grandes tragedias en nuestro día es que hemos hecho al pecado más grande que Dios en nuestra manera de pensar. Lo hemos hecho tanto omnipotente como omnipresente, pensando que es inevitable en nuestras vidas. Tristemente, muchos cristianos han aceptado esta clase de pensamiento de degradación. Son como el pez sujeto a experimento científico.

Un pez fue colocado en una gran pecera con completo acceso a la comida que contenía el tanque. Después de un tiempo, lo científicos quitaron toda la comida y pusieron una pared de vidrio en el centro del tanque. Dejando que el pez llegara a tener gran hambre, luego colocaron comida al lado opuesto de la pared donde estaba el pez. El pez naturalmente trató de atracar la comida, pero inmediatamente fue estorbado por la barrera del vidrio invisible. Vez tras vez el pez trató, pero siempre fue detenido por el vidrio. Finalmente, volvió a la esquina de la pecera y quedó a flote allí. Entonces vino el punto del experimento. Los científicos removieron el vidrio divisor y pusieron más comida, pero el pez simplemente se quedó en su esquina, convencido que era imposible alcanzar la comida. Su muerte fue inevitable.

¿Es esta la escena triste en la iglesia de hoy? Cristo ha llegado. La pared divisora entre humanos pecaminosos y Dios ha sido removida. Las riquezas de la gracia redentora y transformadora de Dios han sido derramadas y están al alcance. Y sin embargo la gente simplemente ha dejado de tratar de comer y madurar espiritualmente porque se han convencido que no pueden obtener lo que anhelan sus corazones. A tales creyentes desheredados les decimos esto: ¡No dejes de extender tu mano! ¡No dejes de esperar! Satanás quiere que creamos que la pared de vidrio todavía está allí como la gran imposibilidad en nuestra vida. Procura nuevamente. Prueba una vez más. ¡Dios ha quitado la partición!

Barack Obama entró en su primer término de presidente de los Estados Unidos con el lema "¡Sí, nosotros podemos!" Sostenemos que, cuando se trata del problema del pecado, tenemos que alterar esa frase cambiando una palabra, y colocando a Dios en la investidura más alta con el lema, "¡Sí, Dios puede!"

El Apóstol Pablo eleva esta posibilidad a un nuevo nivel, diciendo, "Por lo tanto, mediante el bautismo fuimos sepultados con Él en su muerte, a fin de que, así como Cristo resucitó por el poder del Padre, también nosotros llevemos una vida nueva. En efecto, si hemos estado unidos con Él en su muerte, sin duda también estaremos unidos con Él en su resurrección. Sabemos que nuestra vieja naturaleza fue crucificada con Él para que nuestro cuerpo pecaminoso perdiera su poder, de modo que ya no siguiéramos siendo esclavos del pecado;...De la misma manera, también ustedes considérense muertos al pecado, pero vivos para Dios en Cristo Jesús" (Romanos 6:4-6, 11—NVI).

El cambio de muerte a vida es el camino a la santidad cristiana. Hemos de ser más que perdo-nados de los pecados pasados. Hemos de ser hechos nuevas criaturas en Cristo, los perdonados quienes están activamente andando sobre el camino de la santidad, ya vivos para con Dios en Cristo Jesús. Esta nueva vida tan increíble provista por la gracia de Dios tenía que ser lo que Juan el Bautista sentía al ver a Jesús acercándose a él ese día dramático allí junto al Río Jordán. Viendo a Jesús, Juan exclamó lo que debe de ser nuestro mensaje mantra: "¡He aquí, el Cordero de Dios que quita el pecado del mundo!" (Juan 1:29). ¡SÍ, DIOS PUEDE!

Juan Creía Por Lo Que Sabía Lo Que Jesús Podía Hacer *Posicionalmente*

¡Este era Dios encarnado! La magnitud de esta verdad se apoderó de Juan, impulsándole a clamar, "…El que viene después de mí es más poderoso que yo…Él los bautizará con el Espíritu Santo y con fuego" (Mateo 3:11). Él sabía que Jesús tenía increíble poder a su disposición posicionalmente, eso es, por Quien era Jesús. Su posición única con Dios hace posible nuestro cambio de posición ante Dios y nuestra transformación por la gracia de Dios.

Juan Creía Por Lo Que Sabía Lo Que Jesús Podía Hacer *Providencialmente*

Debe haber sido un momento muy emocionante en la vida de Juan al levantar la vista y "ver a Jesús que se acercaba." Pasmado por Quién era, Juan declaró, "¡He aquí, el Cordero de Dios que quita el pecado del mundo!" Todo judío que le oyó ese día entendió el concepto de "el Cordero de Dios," pero que Juan asociara este gran concepto con Jesús y, aún más, enfatizar "que quita el pecado del mundo," no fue nada menos que revolucionario. O fue una valiente verdad o una blasfemia escandalosa. Quien fuera Jesús, en relación con Dios, significaba que lo que Él podría proveer para nosotros es completamente adecuado para nuestras más profundas necesidades.

Juan, como profeta de Dios, captó completamente el alcance de la provisión de Cristo para la condición pecaminosa de los humanos. La más grande nueva (el Evangelio) es que Cristo vino para tratar completamente con el problema del pecado. Esto subraya el significado de Isaías 53:4-6: "Ciertamente llevó Él nuestras enfermedades, y sufrió nuestros dolores; y nosotros le tuvimos por azotado, por herido de Dios y abatido. Mas Él herido fue por nuestras rebeliones, molido por nuestros pecados; el castigo de nuestra paz fue sobre Él y por su llaga fuimos nosotros curados. Todos nosotros nos descarriamos como ovejas, cada cual se apartó por su camino; mas Jehová cargó en Él el pecado de todos nosotros." Jesús vino para hacernos como es Él, proponiéndose librarnos genuinamente de todo pecado.

No hay duda que el confiar en la gran liberación de Dios, posible por medio del Espíritu de Jesús, a veces sea difícil en este mundo saturado de pecado. Yo (Barry) he dado una vuelta por las cubiertas de grandes barcos cruceros en muchos de los mares del mundo. Una vez, con mi esposa, viajamos por el Río Nilo por el desierto de Egipto y hacia las montañas de Etiopía. Por unos pocos fascinantes minutos un día de sol tuve el privilegio de pilotar el "Black Pearl", un barco pirata (turista) por la costa oriental de Honduras. Muchas veces en mis viajes me he detenido para contemplar la gran expansión azul-verde de aguas, considerándome afortunado. Me he dado cuenta de nuevo de lo insignificante que soy, una mera motita en esa gran expansión encrespada. La gracia absoluta, la gracia sin medida de Dios seguramente es la realidad dominante de nuestro mundo y de nuestro andar con Dios. ¿Quién puede declarar que esta gracia no sea adecuada para nuestras necesidades espirituales?

Revirtiendo La "Gran Imposibilidad"

Dios quiere revertir la "gran imposibilidad" que ha dominado nuestra visión y determinado nuestra teología por demasiado tiempo. Dios quiere que conozcamos y persigamos la santidad como una doctrina en que creer, una experiencia para ser recibida, un mensaje que declarar, y un estilo de vida para ser demostrado ante un mundo hambriento.[6]

Un estilo de vida para ser demostrado—aquí es donde se ve la realidad de las cosas. Si la santi-dad ha de tener significado, aquí es donde tiene que resplandecer, o si no, es una farsa. ¿Tiene la santidad posibilidad

---

6   Esta línea de pensamiento es tomada de la Constitución de World Gospel Mission (Misión Evangélica Mundial).

de perseverar bajo las perversidades de la vida? ¡Declaramos que, sí! La verdadera santidad derramada en nuestros corazones funciona, no en nuestro poder, sino por el poder de Dios en nosotros. El Apóstol Pablo resumió la integridad de su ministerio en este hecho, diciendo a cualquier cristiano, en cualquier lugar, en cualquier tiempo, bajo cualquier circunstancia: *"Ustedes no han sufrido ninguna tentación que no sea común al género humano. Pero Dios es fiel, y no permitirá que ustedes sean tentados más allá de lo que puedan aguantar. Más bien, cuando llegue la tentación, Él les dará también una salida a fin de que puedan resistir"* (I Corintios 10:13—NVI). Puedes pasar por el fuego, y no te destruirá. Puedes pasar por las aguas profundas y sobrevivirás. ¿Cómo? Por estar bañado en la hermosa gracia de Dios que cambia las vidas.

Esta santidad no es algo *fuera de* este mundo. Es santidad *en* este mundo. No estamos hablando de unas extrañas figuras piadosas perdidas en la irrealidad con aureolas sobre sus cabezas, sino de seres humanos normales tratando con todos los pormenores de la vida. El pecado no es "normal" en el mundo de Dios. Los colores de gracia de Dios están listos y capaces para rediseñar las vidas descoloradas en tiempo real y en circunstancias reales—haciendo a los seres humanos más plenamente humanos tal como Dios nos hizo originalmente, *"coronados de gloria y de honra"* (Salmo 8:5) La santidad no resulta en super-cristianos artificiales, sino en creyentes humildes quienes han abrazado la promesa de Dios. ¿Cuál promesa? Que Dios guardará a sus hijos en todo momento de cada día, colmándoles con santidad divina y haciéndoles testigos del poder transformador de Dios.

> La santidad no resulta en super-cristianos artificiales, sino en creyentes humildes que han agarrado la promesa de la gracia transformadora de Dios.

Nos agrada poder compartir seis situaciones en particular dónde la gracia divina puede librar y comisionar a creyentes en las iglesias de hoy.

Bajo Presión

Uno de los libros más impactantes que jamás hemos leído fue escrito por Harry Jessop en 1941. Era un evangelista, maestro y autor que también sirvió de presidente de un pequeño colegio bíblico. El título del libro, *I Met A Man With A Shining Face* (Conocí A Un Hombre De Rostro Resplandeciente), es tan fascinante como es el contenido. Jessop se había encontrado con un hombre joven profundamente comprometido con la fe cristiana quien había sido probado en la profundidad de su fe por la persecución que confrontó. Este es el tipo de testimonio que puede ser el testimonio cristiano más impactante para el mundo. La idea de un rostro resplandeciente habla de la presencia divina como se registra en el Antiguo Testamento, y del Espíritu Santo como es presentado en el Nuevo. Dios anhela hacer resplandecer la gloria divina sobre su pueblo. Leemos: "Jehová te bendiga, y te guarde; Jehová haga resplandecer su rostro sobre ti, y tenga de ti misericordia; Jehová alce sobre ti su rostro, y ponga en ti paz" (Números 6:23-26).

Una de las personas más notables de una vida llena del Espíritu Santo era Esteban. Fue escogido para un ministerio vital en un tiempo crítico para la iglesia porque era "hombre lleno de fe y del Espíritu Santo" (Hechos 6:5). Al enfrentarse con la ira de sus acusadores, Lucas escribe que "Todos los que estaban sentados en el Consejo fijaron la mirada en Esteban y vieron que su rostro se parecía al de un ángel" (Hechos 6:15—NVI). Tenía que ver con la Presencia santa llenando a un alma hambrienta, y derramándose para tocar a aquellos que estaban presentes. Esteban dejó un testimonio inolvidable de la posibilidad de tener la presencia y poder del Espíritu Santo en la vida cristiana bajo presión.

Jesús insistía que esta presencia sería el Espíritu Santo (Juan 14-16) con nosotros hoy día. "Les digo la verdad: Les conviene que me vaya porque, si no lo hago, el Consolador no vendrá a ustedes; en cambio, si me voy, se los enviaré a ustedes" (Juan 16:7—NVI). El Espíritu es el que cambia las cosas bajo presión, revirtiendo la "gran imposibilidad" de nuestras vidas. ¿Qué fluye de nuestra vida cuando está bajo presión? ¿Es dulce, o amargo? ¿Es puro, o contaminado? ¿Es como Cristo, o está lleno del 'Yo'? Ora que Dios nos coloree santos llenándonos con agua viva de lo alto.

La presión es lo que tiene que aplicarse a cualquier fruta para conseguir el jugo. Puede ser esa la razón por qué a menudo Dios permite presión sobre nuestras vidas. Tal vez no nos guste, pero Dios usa circunstancias negativas como un testimonio para el mundo que necesita ver la diferencia en alguien que pasa por enfermedad, reveses, o una relación difícil. ¿Conoces tú la presencia del Espíritu Santo en toda su pureza y consuelo sanador? Solamente con esa presen-cia podemos dejar un testimonio resplandeciente en el mundo.

A Través De Las Tinieblas

Nosotros, y tantos más, hemos tratado con el cáncer personalmente o con un pariente o esposo(a). Hemos conocido el dolor producido por la pérdida de seres amados. ¿Puede la santidad resplandecer en medio de tales tinieblas? Lucas, escribiendo en el Libro de Los Hechos, lo dice vez tras vez— ¡Sí, puede!" Aquí es donde resplandece en verdad. Lo hemos visto. Lo sabemos. Lo hemos oído en las prisiones más oscuras. Lo hemos visto en las tormentas más severas. Estuvimos allí. ¡Sabemos!

No hace mucho un grupo se reunió para reconocer la memoria de alguien que había vivido gozosa y sinceramente ante el Señor por muchos años. Uno no podía menos que apreciar y aplaudir el testimonio inmaculado de Wilfred, uno de los verdaderos santos de Dios. Alice y Wilfred no habían vivido la vida de santidad en un vacío. Sabían lo que es el sufrimiento. Habían criado dos hijos y una hija y un día tenían que pararse junto a la sepultura de su hijo mayor quien había fallecido a causa de un accidente de tractor. Más tarde, tenían que pararse junto a otra sepultura al enterrar a su única hija. El dolor era abrumador, pero permanecía la esperanza. Aún en su sufrimiento, continuaron irradiando la hermosura de la santidad de Dios, no a penas, sino gloriosamente. Cuando Alice recibió la noticia del accidente trágico que llevó la vida de su hijo, se le oyó decir, "¿Qué lecciones me enseñará Dios por todo eso?"

El brillo de la presencia consoladora y sustentadora de Dios, más tarde, fue visto en el grupo respetuoso reunido para acompañar a Wilfred al enterrar a su amada esposa. La verdadera santidad jamás se vive en un vacío. Nos hace vivir "seguros" ante las ásperas realidades de la vida. Los santos de Dios pasan por el dolor y lo sienten profundamente, probablemente más que cualquier otro porque aman profundamente. Aun así, confrontan el dolor de forma diferente. Con rostro alzado hacia Dios pueden levantar la cabeza y seguir contemplando ese glorioso Rostro. En su dolor, en vez de llamar la atención a su pena, dirigen la atención completamente a la gracia de Dios. Eso es lo que Lucas vio al investigar las vidas de los que llenarían las historias en su Evangelio. ¡La santidad estaba—está viva y está bien!

La fuerza de la santidad está en la palabra "esperar" tal como se explica en Isaías 40:31. Isaías observa que "los muchachos se fatigan y se cansan, los jóvenes flaquean y caen" (40:30). Luego, declara "pero los que esperan a Jehová tendrán nuevas fuerzas; levantarán alas como las águilas; correrán, y no se cansarán; caminarán, y no se fatigarán" (40:31). La palabra "esperar" es una palabra hebrea que quiere decir "ligar por torcer." Lleva la idea de "estar entrelazado con", como en la construcción de una soga. En otras palabras, los que se entrelazan en esta soga de Dios, o se entrelazan con el Señor "tendrán nuevas fuerzas, levantarán alas como las águilas; correrán, y no se cansarán; caminarán, y no se fatigarán."

Esta soga es un cuadro de la santidad, la cual permanece firme mientras uno camina, humanamente a tientas en las tinieblas de las dificultades de la vida. Es posible que tengamos que pasar por aguas profundas y caminar por el fuego, pero la promesa de Isaías 43:1-2 permanece para todos si levantamos nuestro rostro hacia Dios: *"Ahora, así dice Jehová, Creador tuyo, oh Jacob, y Formador tuyo, oh Israel: No temas, porque yo te redimí; te puse nombre, mío eres tú. Cuando pases por las aguas, yo estaré contigo; y si por los ríos, no te anegarán. Cuando pases por el fuego, no te quemarás, ni la llama arderá en ti."*

En las Relaciones

Se ha oído a misioneros y pastores decir (no en serio), "Yo podría disfrutar este trabajo si no fuera por la gente." Algunos han pensado que sería bueno poder servir en una isla inhabitada. Sin duda, las relaciones proveen las mayores pruebas para la santidad. Es interesante que el es-critor a los hebreos habla de la santidad al mismo tiempo que habla de mantener la paz: *"Busquen la paz con todos, y la santidad, sin la cual nadie verá al Señor" (Hebreos 12:14).*

Los primeros misioneros de la World Gospel Mission a la China eran conocidos por su unidad. Los que más íntimamente conocían al grupo WGM en la China y sus relaciones unos con otros fueron "más profundamente impresionados con la armonía que siempre ha prevalecido en el grupo. El secreto se encuentra en esperar ante el Señor. Nunca estuvieron tan presionados con las tareas diarias que no esperaran hasta que la voluntad del Espíritu Santo se hiciera evidente sobre planes y políticas. Esta unidad armoniosa en gran parte explica el trabajo en equipo y el éxito logrado. El Espíritu Santo llevaba el control de ellos."[7] Por eso, los hijos de Dios fueron marcados con la gracia resplandeciente del gran corazón de Dios.

Demasiados matrimonios, hogares, y relaciones laborales se han desintegrado por egocen-trismo terco y pecaminoso. Donde se dejan regir actitudes y acciones impías, ellas siempre dividen. Somos testigos de la alta probabilidad de fracaso y luego, la casi imposibilidad de mantener la unidad cuando el ego no santificado es activo.

> No necesitamos más hablar de la santidad. Necesitamos más andar de la santidad.

Pablo dice, *"Esto es lo que pido en oración: que el amor de ustedes abunde cada vez más en conocimiento y en buen juicio, para que disciernan lo que es mejor, y sean puros e irreprochables para el día de Cristo"* (Filipenses 1:9-10—NVI). La más grande esperanza para un matrimonio santo es un corazón santo. Es lo mismo con cualquier relación humana.

No fue hasta los años 1870 que dos hombres, Pasteur y Lister finalmente convencieron al mundo de la medicina sobre la necesidad de mantener la higiene básica en la cirugía. Miles de vidas se habían perdido porque el mundo médico no había reconocido la importancia

---

7   Burnis Bushong, *Reaching The Unreached Now: A Brief History of World Gospel Mission* (Alcanzando a los No Alcanzados Ahora: Una Historia Breve de la Misión Evangélica Mundial) (World Gospel Mission, 1995), 12.

de la simple higiene. ¿Por qué seguimos el mismo camino, no importa el número de muertos? ¿Por qué no permitiremos la purificación del corazón antes de comenzar la limpieza de la casa? Por siglos, Dios ha estado tratando de convencer a la raza humana de la importancia de la santidad—un corazón limpio. ¿Cuántas relaciones más tendrán que deshacerse antes que finalmente nos despertemos? En efecto, algunos ya lo han captado pero no están preparados para rendir su voluntad tan terca y egoísta.

No necesitamos más hablar de la santidad. Necesitamos más andar de la santidad. Estamos hartos de la hipocresía que ha prevalecido en demasiados movimientos cristianos. La cura no está en denigrar a los hipócritas, sino en vivir la verdadera santidad. Cuando la verdadera santidad de corazón y vida filtra en nuestros hogares, iglesias, agencias misioneras, organizaciones cristianas e instituciones cristianas, relaciones sanas se avivarán y prosperarán—aun frente a las diferencias. Cualquiera de nosotros puede ser agente de salud con sólo dejar que Dios "me coloree hermoso."

Sobre los Apetitos Físicos

Uno de los problemas más grande que enfrentamos en la sociedad de hoy es la falta de control sobre los apetitos físicos. La televisión y el internet han aumentado el problema, haciendo que el pecado a este nivel sea mucho más atractivo y accesible. Aunque esto involucra principalmente los pecados sexuales, también incluye la obesidad y el impulso de satisfacer una sed insaciable por más y más placer y "cosas." Si jamás haya habido la necesidad de la santidad, es aquí.

Muchos nuevos convertidos ahora entran en la experiencia cristiana con horrendo "bagaje" y adicciones increíbles—sexo, alcohol, comida, teléfonos, y adicciones de siempre "comprar y comprar". ¿Es posible la santidad con todo eso? Hay una progresión de preguntas importantes que necesitamos hacer en relación con el pecado y el poder de Dios para librar. ¿Puede Dios librar de *un* pecado? ¿Puede Dios librar de *cualquier* pecado? ¿Puede Dios librar de *todo* pecado? Para todas estas preguntas contestamos, "¡Sí, Dios puede!"

Steve sufrió de obesidad. La obesidad afectó su nivel de energía, su espíritu, y su ministerio. Había tratado diferentes tipos de programas de dieta, fallando vez tras vez. Pero ahora, 140 libras más liviano y estable, a Steve le encanta contar lo qué hizo Dios. Requirió que algunas personas le hablaran del abuso que él cometía contra su cuerpo—al cual, ellos señalaron, es el templo del Espíritu Santo. Dios le convenció dulcemente y él escuchó humildemente. Viéndose como cuerpo, alma, y espíritu, y que su adicción a la comida afectaba su totalidad, buscó la ayuda de Dios y con la dirección de un médico nutricionista, comenzó un cambio de estilo de vida. Steve es un hombre diferente ahora—en cuerpo, alma, y espíritu.

La integridad requiere un cambio radical de estilo de vida a la que muchos no están dispuestos a someterse. Sí, la santidad incluye un estilo de vida amplio, pero lo que muchos quieren es una cura rápida e instantánea. Los seres humanos gustamos de la parte acerca de la sanidad, pero no la parte de "¡vé, y no peques más!". Desafortunadamente, una parte no está disponible sin la otra. Sin embargo, y alabamos a Dios por esto, cualquiera puede conocer y hacer ambas partes.

La Palabra de Dios está cargada con esperanza y posibilidad. Todo lo que hace Dios en este mundo es con miras a la reversión de todo lo que la caída de la humanidad haya traído a este mundo. Recuerda la pregunta que Jesús hizo al paralítico: "¿Quieres ser sano?" (literalmente, "entero" o "íntegro"). Recuerda lo que Pablo anunció a los corintios: "Por lo tanto, si alguno está en Cristo, es una nueva creación. ¡Lo viejo ha pasado, ha llegado ya lo nuevo" (II Corintios 5:17—NVI). Estas palabras deben inspirarnos a danzar con los paralíticos y lisiados que fueron hechos completamente enteros/íntegros por Jesús. Dice Jesús, "ven, danza conmigo. Los colores de la nueva creación son brillantes y bellos.

En El Mercado

La Biblia lo hace muy claro: "Amarás al Señor tu Dios con todo tu corazón, y con toda tu alma, y con todos tus fuerzas, y con toda tu mente, y amarás a tu prójimo como a ti mismo" (Lucas 10:27). Hay dos palabras en las Escrituras que viajan juntas como dos rieles que forman una sola vía. Esas palabras son "santidad" y "justicia". Fiel al significado original, la palabra "justicia" tiene que ver con lo que es recto y justo hacia otros. No podemos hablar de la santidad de Dios sin hablar de justicia de Dios. Podríamos hablar de la santidad como el *corazón* de Dios, y la justicia como las *manos* de Dios. Asimismo, tanto nuestro *ser* como nuestro *hacer* tienen que reflejar la santidad, de otra manera, ni el uno ni el otro tiene integridad.

En la vida de un creyente, la santidad sin justicia se hace dura, fría, exigente, legalista, crítica, y egoísta. Por otro lado, la justicia sin la santidad es como trapos sucios. Su tendencia es de llegar a ser auto-importante, haciendo buenas obras para impresionar a Dios y a otros. Conduce a la acción social sin salvación. Si hemos de sobrevivir y prosperar como seguidores de Jesucristo, tenemos que buscar la santidad y hacer justicia. De otro modo, nos descarrilaremos.

Juan Wesley era uno que transitaba bien sobre estos dos rieles de santidad y justicia, y llamaba a otros creyentes a hacer lo mismo. Durante su largo ministerio, y aun mirando hacia atrás sobre el movimiento a finales de su vida, su gran carga era la tendencia entre los "Metodistas" a tener celo sin conocimiento. Siguiendo nuestra metáfora, él temía que si continuaban viajando sobre sólo un riel sin el otro iban a descarrilarse. Faltar o descuidarse en cualquiera de los dos sería como matar al otro. Crecer y madurar en cualquiera de los dos es para dar vida al otro.

Un momento profundo en mi (Hubert) vida fue en una visita a Kenya, África hace algunos años. El Dr. Phil Renfroe había pedido permiso para ser mi chofer llevándome de regreso a Nairobi. Sin mi conocimiento, había un motivo ulterior en su petición. Él quería impactar mi vida con alguien que le había impactado la suya. Íbamos a almorzar con un amigo, Dennis Tongoi, quien ahora es el Director de la Iglesia Anglicana en el África Oriental. Este Kenyano había impartido grandes verdades espirituales a la vida de Phil—dirigiéndole al significado verdadero de la justicia. Phil llegó a ser un campeón de la "transformación holística de la comunidad". Fue en este contexto que yo comencé a entender realmente las palabras de Zacarías en cuanto a

Jesús, y ahora me impactaron con increíble fuerza: "Del juramento que hizo a Abraham nuestro Padre, que nos había de conceder que, librados de nuestros enemigos, sin temor le serviríamos en <u>santidad y en justicia</u> delante de él, todos nuestros días" (Lucas 1:73-75, énfasis añadido).

Yo (Barry) escribí "Let's Get On The Train!" (¡Subamos al Tren) para la edición de la revista "Vital Christianity" (Cristianismo Vital) del 3 de julio de 1977, que para ese tiempo era el periódico nacional de la Iglesia de Dios (Anderson, Indiana). En este artículo recordaba un incidente en que fui empujado literalmente por un embotellamiento de tráfico de seres humanos apresurados por subir a un tren en Tokio, Japón. Usé esa experiencia para traer una perspectiva sobre todo nuestro planeta que ahora está atorado con seres humanos en medio de sus necesidades crecientes y con recursos disminuidos. Dije, "Nuestro Señor sigue enviándonos a los pobres desesperados con palabras de amor y hechos de cuidado sacrificial. Constantemente está enviándonos al mercado donde los dolores de la vida se acrecientan y causan dolor. ¡Cuánto mejor si Dios nos dejara en paz dentro de nuestras iglesias con aire acondicionado en que haya espacio para todos en bancas cómodas! Pero, justamente no es así. Aparentemente no hay otro camino al cielo excepto por relacionarnos responsablemente con nuestros muchos hermanos y hermanas que están atrapados en el frenesí de vivir. Así que, ¡subamos al tren!"

Por El Camino

Se le preguntó a alguien, ¿cómo es la guerra? La respuesta sencilla fue, "90% aburrimiento y 10% de absoluto terror." En muchas maneras, la vida es así. La frase "el camino de santidad" es clásica porque no está presentando alguna gran experiencia emocional que a la gente le gustaría experimentar. No está hablando solamente de experiencias excitantes con que la gente pueda llenar sus vidas. También, es "el camino". Es una vida distintiva, toda ella, todo el camino.

La palabra "andar" se usa en las Escrituras para pintar la relación diaria, constante, progresiva y viva de una persona piadosa para con Dios. Ezequías captó la esencia de este andar al hablar de "andar delante de ti en verdad y con íntegro corazón" (II Reyes 20:3). Esta es santidad de todos los días por el camino. La santidad no es meramente el hablar exageradamente. No nos deja sin aliento tratando de marcar el paso con Dios—tratando de ser santo por nuestro propio ímpetu acelerado. En contraste, la santidad es más la reposada presencia de Dios tomándonos de la mano y caminando con nosotros.

Anne Marie, la hija de unos misioneros congoleses, habla de su amor por la idea detrás de una expresión que oía con frecuencia cuando era niña: *malembe malembe*. Ella la llevába como su mantra, Anne dice que literalmente quiere decir "despacio, despacio". Pero, tal como con la mayoría de las frases en Lingala, estas palabras están llenas de significado matizado. Implican pasos pequeños, enfocando lo que importa y no estando abrumados por el cuadro grande, permaneciendo fiel a pesar del camino largo. También es una frase de esperanza que implica la realización de una visión, pero solamente con el andar fielmente paso por paso.[8] Los colores de la presencia de Dios han de ser vistos y reflejados en lo gris de cada día.

La idea del "cristianismo radical" se vende hoy como el discipulado que involucra compromisos y causas extremos. Pero, a menos que el *malembe malembe* esté en nuestro caminar con Dios, nuestro correr sin algún caminar y descansar se desvanecerá como un fuego alimentado por gasolina, que muy pronto muere. Nuestros corazones tienen que ser empujados por otra clase de combustible—un fuego alimentado por la gloria santa de Dios derramada en nuestros cora-zones, lenta, profunda y diariamente. Esta es una clase diferente de "cristianismo radical"[9] que la promoción extravagante de emociones para el servicio cristiano dramático. Este es el cris-tianismo radical del Libro de Los Hechos que impulsaba a los primeros discípulos con un Espíritu Santo quien los inspiraba. Este era el poder de su testimonio (Hechos 1:8), un

---

8 Correo electrónico de Anne Marie Thomason, 27 de febrero de 2013.

9 Ver Barry L. Callen, *Radical Christianity: The Believers Church Tradition in Christianity's History and Future* (Cristianismo Radical: La Tradición de la Iglesia de los Creyentes en la Historia y el Futuro del Cristianismo) (Evangel Publishing House, 1999).

poder que causó en otros, por toda la historia, separarse de la resistencia dominante de la religión tradicional. Podemos conocer la santidad de Dios en cada área y momento de nuestras vidas. En Cristo esto puede ser una realidad actual.

Yo (Barry) tenía nueve años cuando una gran tormenta azotó la parte noreste del Estado de Ohio el fin de semana cuando celebramos el Día de Acciones de Gracias en 1950. Un total de veintinueve pulgadas de nieve enterró toda el área, con vientos de alta velocidad creando una ventisca de nieve de hasta diez pies. La parálisis del tránsito dejó a mucha gente aislada en sus hogares por cerca de una semana. La Guardia Nacional fue llamada para asistir en limpiar las carreteras de tanta nieve. Recuerdo que juntamente con mi padre abrimos una trinchera desde nuestra casa, por el centro de Beach Lane hasta llegar el Mercado Baldwin cerca de la entrada al parque de atracciones, una distancia de dos cuadras. Fue tanto atemorizante como fascinante, por cierto inconveniente y verdaderamente inspirador para un niño. Yo podría imaginar que debajo de la nieve todas las cosas feas en las calles y en las cunetas ahora estaban limpiadas y desaparecidas. El mundo había renacido. ¡Mientras tal redención masiva fue solamente en mi imaginación, en Cristo puede ser una realidad actual!

Lo decimos con toda la fuerza posible. Tal visión de un mundo renacido no debería ser limitada a la imaginación de un niño o a unos pocos "santos" viviendo detrás de las paredes de un monasterio. Esta gran posibilidad puede producir una nueva generación tal como la de Juan Wesley y el pueblo que se llamaba "Metodistas". Ellos creyeron en las vastas riquezas de la gracia transformadora de Dios y trastornaron su mundo con un fuego de santidad que Dios encendió en sus corazones.

Pablo escribió del papel del Espíritu de Dios en sus vidas y enfatizó el tema pentecostal de los primeros frutos. Nosotros los que hemos creído en Dios por Jesucristo "fuimos marcados con el sello que es el Espíritu Santo prometido. Éste garantiza nuestra herencia hasta que llegue la redención final del pueblo adquirido por Dios, para alabanza de su gloria" (Efesios 1:13, 14—NVI). Otra vez: "Dios es el que nos mantiene firmes en Cristo, tanto a nosotros como a ustedes. Él nos ungió, nos selló como propiedad suya y puso su Espíritu en nuestro corazón, como garantía de sus promesas" (II Corintios 1:21, 22—NVI). Nosotros los que somos nacidos del Espíritu estamos capacitados para vivir en el Espíritu para la alabanza de la gloria resplandeciente de Dios.

Allí está, la gran palabra hablada a nuestras vidas espirituales tan empobrecidas. El Espíritu de Dios ha venido como el primer plazo de la herencia plena que hemos de recibir. Eventualmente esa herencia incluirá una resurrección corporal y la nueva creación completa que Dios ha pro-metido. En verdad, un día "la creación misma ha de ser liberada de la corrupción que la esclaviza, para así alcanzar la gloriosa libertad de los hijos de Dios" (Romanos 8:21—NVI). Pero eso será entonces. ¿Qué de ahora? ¿Cómo han de esperar los cristianos la llegada plena de las promesas de Dios? Hemos de esperar con gran expectación. Mientras tanto, no hemos de con-formarnos con nada menos de lo que Dios tiene para nosotros. Hemos de orar a Dios, "¡COLORÉAME SANTO!"

No Te Lo Pierdas

La santidad no nos permitirá quedarnos en un pequeñito mundo de nuestro propio dominio. Esta santidad trae restauración divina seguida por disciplinas y discipulado intencional—involucrándonos en las cosas de mayor importancia para Dios. Mucha gente, aún cristianos, prefieren no rendir sus propios deseos y estilos de vida. Trágicamente, tal como Judas el traidor, no tienen ninguna idea de lo que se están perdiendo. Judas perdió el gozo de la resurrección de Jesús, la esperanza de la ascensión, la venida del Espíritu Santo, y la vida de la iglesia con su avance dramático del reino de Dios. Nunca vio el cambio en Pedro, Jacobo y Juan, además del cambio increíble en los demás discípulos. Nunca conoció a Esteban, Pablo, Lucas, Timoteo, Priscila y tantos otros cuyas vidas estaban bañadas en los colores asombrosos de la santidad de Dios. El perdió todo eso. ¡No lo pierdas tú!

Aquí está la música de las edades. El cielo resonará con este sonido y será iluminado por los destellos pintorescos de esta verdad. Las voces de los que conocen el significado profundo de las palabras cantarán esto durante toda la eternidad: "Digno es el Cordero, que ha sido sacrificado, de recibir el poder, la riqueza y la sabiduría, la fortaleza y la honra, la gloria y la alabanza! (Apocalipsis 5:12). Desarrolla en ti el hambre porque los colores amorosos de Dios sean pintados sobre el lienzo de tu corazón y vida. ¿Te juntarás con nosotros en la oración siguiente por la iglesia entera? ¿La personalizarás y hacerla tuya? Dios desea contestar tu oración. El corazón divino resplandece en estos versículos:

> "Pido que el Dios de nuestro Señor Jesucristo, el Padre glorioso, les dé el Espíritu de sabiduría y de revelación, para que lo conozcan mejor. Pido también que les sean iluminados los ojos del corazón para que sepan a qué esperanza él los ha llamado, cual es la riqueza de su gloriosa herencia entre los santos, y cuan incomparable es la grandeza de su poder a favor de los que creemos. Ese poder es la fuerza grandiosa y eficaz que Dios ejerció en Cristo cuando lo resucitó de entre los muertos y lo sentó a su derecha en las regiones celestiales...Pero Dios, que es rico en misericordia, por su gran amor por nosotros, nos dio vida con Cristo, aun cuando estábamos muertos en pecados. ¡Por gracia ustedes han sido salvados! Y en unión con Cristo Jesús, Dios nos resucitó y nos hizo sentar con él en las regiones celestiales....Por esta razón me arrodillo delante del Padre, de quien recibe nombre toda familia en el cielo y en la tierra. Le pido que, por medio del Espíritu y con el poder que procede de sus gloriosas riquezas, los fortalezca a ustedes en lo íntimo de su ser, para que por fe Cristo habite en sus corazones. Y pido que, arraigados y cimentados en amor, puedan comprender, junto con todos los santos, cuán ancho y largo, alto y profundo es el amor de Cristo, en fin, que conozcan ese amor que sobrepasa nuestro cono-cimiento, para que sean llenos de la plenitud de Dios. Al que puede hacer muchísimo más que todo lo que podamos imaginarnos o pedir, por el poder que obra eficazmente en nosotros, ¡a él sea la gloria en la iglesia y

en Cristo Jesús por todas las generaciones, por los siglos de los siglos! Amén. (Efesios 1:17-20; 2:4-6; 3:14-21—NVI).

A esa oración bíblica clásica, añadimos ésta:

"Abba, Padre, favor de limpiar el lienzo de nuestros corazones, quitando los colores oscuros de pecado y el egoísmo que oscurecen nuestras vidas, y santifícanos con el resplandor de tus colores puros para que nuestras vidas puedan resplandecer con un testimonio de tu presencia y hermosura, que todos los que entren en contacto con nosotros puedan gustar y ver que es bueno, y darte gloria por vidas vividas en tu santidad y con tu justicia. ¡Amén!"

www.ingramcontent.com/pod-product-compliance
Lightning Source LLC
Chambersburg PA
CBHW030325080526
44584CB00012B/709